**Planejamento Tributário
e
Interpretação Econômica**

F751p   Fossati, Gustavo
        Planejamento tributário e interpretação econômica / Gustavo
Fossati. – Porto Alegre: Livraria do Advogado Ed., 2006.
        149 p.; 23 cm.

        ISBN 85-7348-414-4

        1. Obrigação tributária. 2. Direito Tributário. 3. Planejamento
I. Título.

CDU - 336.2.04

Índice para o catálogo sistemático:

Direito Tributário
Planejamento
Obrigação tributária

(Bibliotecária responsável: Marta Roberto, CRB-10/652)

Gustavo Fossati

Planejamento Tributário e Interpretação Econômica

livraria
DO ADVOGADO
editora

Porto Alegre 2006

© Gustavo Fossati, 2006

Capa, projeto gráfico e diagramação de
Livraria do Advogado Editora

Revisão de
Rosane Marques Borba

Direitos desta edição reservados por
Livraria do Advogado Editora Ltda.
Rua Riachuelo, 1338
90010-273 Porto Alegre RS
Fone/fax: 0800-51-7522
editora@livrariadoadvogado.com.br
www.doadvogado.com.br

Impresso no Brasil / Printed in Brazil

Este livro é dedicado aos meus pais,
Eduardo Fossati e Marina Fossati,
duas pessoas simplesmente
maravilhosas.

Agradecimentos

A todos aqueles que eu amo muito e que sempre empenharam esforço incondicional para a consecução deste trabalho, em especial:

- meus pais, Eduardo e Marina, a quem devo eterna consideração, amor e gratidão por toda minha formação humana;
- minhas irmãs, Marcela e Rafaela, pelo amor fraternal sempre presente;
- minha noiva, Letícia Furini, companheira de todas as horas, pelo amor, pela compreensão, pelo carinho e por me mostrar o caminho à maturidade.

Ao Professor Fernando Fabris, pelo apoio constante durante toda a elaboração do trabalho, e ao Professor Daniel Mitidiero, pelo incentivo à produção científica.

Sumário

Introdução 13

1. Interpretação das Leis Tributárias 17

2. Norma e Sistema Jurídicos 23

3. O Fato e a Conformação da Obrigação Tributária 33
   3.1. O Fato Imponível 33
   3.2. Origem Histórica da Interpretação Econômica 37
   3.3. A Interpretação Econômica 39
      3.3.1. A Doutrina de Klaus Tipke 61
   3.4. Evasão Tributária 63
      3.4.1. Conceito 63
      3.4.2. Etiologia 65
      3.4.3. Espécies 69
         3.4.3.1. Evasão Imprópria e Evasão por Inação 70
         3.4.3.2. Evasão Ilícita e Evasão Lícita 71
         3.4.3.3. Fraude Fiscal 72
   3.5. Elisão Tributária 73
      3.5.1. Terminologia 73
      3.5.2. Metodologia e Estrutura 74
      3.5.3. Espécies 76
      3.5.4. Elisão Tributária Internacional 77
         3.5.4.1. Elementos de Conexão 77
         3.5.4.2. Modos de Operação 82
         3.5.4.2.1. Paraísos Fiscais 82
      3.5.5. Casos de Elisão Tributária 84

4. Elementos Auxiliares na Conformação da Obrigação Tributária 89
   4.1. Aparência Jurídica 89
   4.2. Teoria da Utilidade Negocial 90
   4.3. Simulação, Dissimulação e Outras Figuras na Doutrina
      de José Carlos Moreira Alves 93
   4.4. O Ato Jurídico Dissimulado 102

4.5. A Dissimulação do Fato Gerador 104

4.6. A Norma Geral Antielisiva 105

4.6.1. A Confusão dos Institutos Jurídicos na Exposição
de Motivos da Lei Complementar n° 104/2001 . . 105

4.6.2. Impropriedade Técnica entre a Terminologia da
Norma e a sua Finalidade 108

4.6.3. As Regras Jurídicas que Compõem a Norma . . . 111

4.6.4. Entraves à Norma 112

4.6.4.1. O Princípio da Legalidade 112

4.6.4.2. A Proibição da Analogia 131

Conclusões 141

Referências Bibliográficas 147

"Die gerechte Verteilung der Gesamtsteuerlast auf die einzelnen Bürger ist ein Imperativ der Ethik...
Die vornehmste Aufgabe eines Rechtsstaates ist es, für gerechte Regeln zu sorgen und sie durchzusetzen, seine Bürger vor Unrecht zu schutzen."

(Klaus Tipke, *Die Steuerrechtsordnung*, S. 261)

"A justa distribuição da carga tributária sobre cada cidadão é um imperativo da ética... A nobre tarefa de um Estado de Direito é preocupar-se com regras justas e disseminá-las, protegendo seus cidadãos contra a injustiça."

Introdução

O presente trabalho é fruto da investigação científica acerca da possibilidade de existência de uma norma geral antielisiva no Direito Tributário brasileiro, pretensamente trazida para o ordenamento pela Lei Complementar n° 104, de 10 de janeiro de 2001, que introduziu o parágrafo único ao artigo 116 do Código Tributário Nacional. A tentativa do Poder Executivo de viabilizar mais um mecanismo de apuração de fraudes e atos praticados com abuso de forma ou abuso de Direito, buscando desconsiderar atos ou negócios jurídicos praticados com a finalidade de dissimular o fato gerador da obrigação tributária ou a natureza dos seus elementos constitutivos, encontra limites formais e materiais objetivos no sistema constitucional tributário, mormente nas garantias fundamentais do contribuinte no Estado Democrático de Direito.

Objetivando analisar a mencionada alteração legislativa, que provocou muitas discussões entre os estudiosos e os profissionais do Direito Tributário, a monografia faz uma breve retrospectiva histórica no Brasil e em outros Estados – em especial a Alemanha e os Estados Unidos – tendo como foco as modalidades de interpretação no Direito Tributário e a conformação da obrigação tributária. Para tanto, faz-se necessário o aprofundamento da análise da interpretação econômica, assim entendida como a interpretação que busca apurar os efeitos econômicos dos atos e dos negócios jurídicos, mediante a comparação entre as intenções de fato e as intenções de Direito. A análise tenta apresentar possíveis causas para a inconstitucionalidade da norma antielisiva, à luz dos pilares do Estado Democrático de Direito e das principais garantias dos contribuintes.

A doutrina alemã, desde o início do século XX, tem inegável e fundamental contribuição na monografia, sendo bastante explorada. A evolução da interpretação econômica no Direito Tributário alemão, inclusive sob forte influência das concepções do nacional-socialismo da década de 30, refletiu na ciência jurídica brasileira, ao ponto de ser manifestada em um dos artigos do projeto do Código Tributário Nacional. Assim, a intenção é compartilhar o posicionamento de alguns autores estrangeiros para uma possível formação de critérios positivos para o julgamento da inconstitucionalidade da interpretação econômica. Nessa senda, são de relevo as concepções de Ernst Blumenstein, Albert Hensel e Enno Becker, sem qualquer prejuízo das contribuições da doutrina nacional.

As formas de surgimento da obrigação tributária são demonstradas à luz de institutos jurídicos como a evasão, a fraude, a sonegação, a simulação, o negócio jurídico aparente, a teoria da utilidade negocial e, por fim, a elisão tributária. Esta ganha especial destaque, inclusive no plano internacional, por meio do que se conhece vulgarmente por paraísos fiscais. Na parte final do texto, a norma geral antielisiva é vista nas suas perspectivas formal e substancial, desde suas razões de formação no Ministério da Fazenda, até as regras jurídicas que a compõem e o seu confronto com os princípios da legalidade, da tipicidade e da proibição de tributação por analogia, dentre outros enfoques.

A investigação almeja estimular a reflexão moral e jurídica acerca das finalidades da interpretação econômica e dos mecanismos de combate à elisão tributária e ao planejamento tributário. A eficiente apuração da capacidade contributiva de cada cidadão pode ser concretizada pela administração pública, mediante práticas de fiscalização que visem a eliminar a fraude, a sonegação e a simulação nos atos e nos negócios jurídicos. São mecanismos que, na verdade, já existiam desde a promulgação do

Código Tributário Nacional. No entanto, nunca se olvide que o contribuinte é livre para escolher os caminhos que lhe são oferecidos como alternativas pela lei, na tentativa de preservar, na maior medida possível, seu patrimônio e sua dignidade. A liberdade de atuação na ordem econômica constitucional tem limites impostos objetivamente pela lei, esta compreendida em sentido estrito, não podendo ser restringida por atos administrativos que tentam revestir-se de prerrogativas atinentes unicamente ao Poder Legislativo.

Porto Alegre, março de 2006.

Gustavo Fossati
fossati79@yahoo.com.br

1. Interpretação das Leis Tributárias

Ezio Vanoni, estudioso das escolas germânicas de Direito Tributário, comentava, na introdução da sua obra *Natura ed Interpretazione delle Leggi Tributarie*, sobre os reflexos da Primeira Guerra Mundial nos sistemas tributários das diferentes nações.[1] O ambiente político e legislativo criado durante e após a Guerra, especialmente nos estados vencidos, lotaram em espaço de grande destaque nos países de língua alemã os estudos de Direito Tributário, porquanto já havia sido concretizada, em alto nível, a elaboração do Direito Público.

A Ciência das Finanças, por seu turno, concentrada sob o tríplice ponto de vista econômico, político e social, nunca teve seu posto alçado em relevo condizente a sua importância para a análise dos fenômenos tributários, o que sempre impôs, ao longo dos tempos, a consideração de muitos conceitos e institutos sob um caráter estritamente formal, em detrimento dos aspectos substanciais de seus respectivos fenômenos. Preceitua o supracitado doutrinador que "o ponto de partida é a premissa segundo a qual uma representação completa do fenômeno financeiro somente é possível quando se ponham em evidência as características econômicas, jurídicas, sociais e políticas que se apresentam como as diferentes faces de um polie-

---

[1] Ezio Vanoni, professor de Direito Tributário da Universidade Católica de Milão. In: *Natureza e Interpretação das Leis Tributárias* (Tradução de Rubens Gomes de Sousa do original *Natura ed Interpretazione delle Leggi Tributarie*, Pádna: CEDAM – Casa Editrice Dott. A. Miliani, 1932), Rio de Janeiro: Edições Financeiras, p. 5.

dro, cada uma delas em função das outras e que todas elas devem ser descritas para que se possa ter uma idéia do conjunto".[2]

Segundo Vanoni, a jurisprudência e a doutrina dominantes na Itália inclinam-se para o modo estrito e rígido de compreensão das normas tributárias, na medida em que tais normas devem valer apenas para as hipóteses claramente e taxativamente expressas na lei, sendo vedadas a extensão por via de argumentação lógica ou de aplicação analógica aos casos não previstos.[3] Emilio Caldara procurou fundar as regras especiais de interpretação das normas tributárias com base no conteúdo objetivo das mesmas. "Esse direito representa, no sistema jurídico, o elemento matemático, assim como o Direito Civil representa o elemento precipuamente lógico. Os interesses que a legislação fiscal protege são circunscritos e precisos; relacionadas e proporcionadas geralmente a um objeto materialmente avaliável são as suas sanções penais; as exceções são expressamente taxativas; os privilégios, introduzidos a serviço do próprio escopo fiscal que está na lei".[4]

Na opinião de Rubens Gomes de Sousa, a teoria segundo a qual a interpretação das normas tributárias deveria ser literal ou estrita perdurou desde após a Revolução Francesa e durante todo o século XIX, sendo encarada pela doutrina liberal como um direito excepcional no sentido de que deveria ser interpretado na sua literalidade, no rigorismo de suas palavras, porquanto somente seria permitido ao Estado exigir tributos para situações expressamente elencadas na norma.[5] Naturalmente,

---

[2] *Op. cit.*, p. 6.

[3] Os julgados da França influenciaram diretamente na jurisprudência italiana no sentido de que a interpretação rígida e literal das leis tributárias decorria da própria natureza das mesmas. Já na Alemanha, o *Reichsabgabenordnung* de 13 de dezembro de 1919 pautou o novo arcabouço principiológico do sistema tributário, o que operou diretamente na interpretação mais rígida, professada pela jurisprudência. (*Op. cit.*, p. 46)

[4] Emilio Caldara, *L'interpretazione della Legge*, Milão: Soc. Ed. Libraria, 1908, n. 166 e segs., n. 199 e 200, *apud* Ezio Vanoni, *op. cit.*, p. 47 e 48.

[5] Rubens Gomes de Sousa, *Compêndio de Legislação Tributária*, São Paulo: Resenha Tributária, 1981, p. 77.

esse caminho rechaçava qualquer técnica interpretativa, em verdade, posto que reduzida à mera observância gramatical dos textos tributários, desprovida de qualquer juízo valorativo ou integrativo com todo o sistema jurídico, mormente com a integração sistemática com as garantias fundamentais dos contribuintes.

Amílcar de Araújo Falcão preceitua que a lei não opera apenas efeitos exclusivos decorrentes das suas expressões, como se um dom cabalístico tivessem. Pelo contrário, enquanto realidade concreta, expõe seu sentido apenas pela análise do seu espírito (*mens*) e pela perquirição de seu escopo (*teleologische Auslegungsmethode*).[6] A própria atividade de exegese normativa impõe ao seu realizador um trabalho muito mais árduo do que uma simples leitura gramatical, porquanto advém do próprio léxico *exegese* um "comentário ou dissertação para esclarecimento ou minuciosa interpretação de um texto ou de uma palavra".[7] A exegese colima uma declaração de conteúdo da lei, na sua plenitude.

Foi-se o tempo no qual os critérios utilizados para a atividade de interpretação das normas tributárias remontavam ao Direito Romano, mais especificamente declinando a favor do fisco nos casos de dúvidas (*ut fisco faveat*) e, em época posterior, com apoio na sentença de Modestino, favorecendo o contribuinte (*nun puto delinquere eum Qui in dubiis quaestionibus contra fiscum facile responderit*, ou, *in dubio contra fiscum*). No momento seguinte, o método consistia na análise restritiva, através do qual o surgimento da obrigação tributária estaria atrelado à congruência plena da situação jurídica ao conteúdo claro e manifesto do texto da lei.[8] Em sede de evolução dos estudos relativos à hermenêutica tributária, postulou-se acerca da viabilidade da utilização de qualquer método interpretativo, condicionada ao resultado de plena decla-

---

6 Amílcar de Araújo Falcão, *Direito Tributário Brasileiro*, Rio de Janeiro: Edições Financeiras, 1960, p. 48.

7 Dicionário Aurélio – Século XXI, versão em CD-ROM.

8 Amílcar de Araújo Falcão, *op. cit.*, p. 49.

Planejamento Tributário e Interpretação Econômica

ração do conteúdo legal. Segundo Amílcar Falcão, em sede de análise das doutrinas alemã, suíça e italiana, esta plena declaração pode dar-se de três formas:

– *Wirtschaftliche Betrachtungsweise:* refere-se ao modo de consideração econômica dos fatos passíveis de enquadramento na hipótese de incidência, aptos, destarte, a erigir fato gerador;

– *Typisierungstheorie:* teoria da tipificação ou padronização. Refere-se à observação costumeira da realidade das relações jurídicas que traduzam fatos e circunstâncias relevantes aos poderes tributantes;

– *Teleologische oder Soziologische Auslegungsmethode:* método de interpretação teleológica ou sociológica. Visa a apurar o desempenho da finalidade ou função do tributo no contexto social.[9]

Cumpre ainda o destaque para o fato de que estava incluída no Projeto de Código Tributário Nacional a investigação do conteúdo econômico do fato gerador, através de disposição que permitia ao aplicador da legislação tributária a utilização de qualquer método ou processo de interpretação tendente à verificação da equivalência entre o resultado final obtido e o negócio jurídico não-explícito conjecturado.[10]

Antonio Berliri questionava-se, na metade do século passado, se as leis tributárias deveriam ser interpretadas segundo princípios sobre interpretação das leis em geral ou se clamavam por normas interpretativas específicas e profundamente diversas. Considerava que, desde a Idade Média até quase o fim do século XIX, a resposta pendia para a utilização dos princípios gerais sobre interpretação,

---

[9] *Idem*, p. 49.

[10] "Na aplicação da legislação tributária, são admissíveis quaisquer métodos ou processos de interpretação, observado o disposto neste título" (art. 73) e "Na conceituação de determinado ato, fato ou situação jurídica, para efeito de verificar se configura ou não o fato gerador e de definir a alíquota aplicável, ter-se-á diretamente em vista se resultado efetivo, ainda quando não corresponda ao normal em razão da sua natureza jurídica, com o objetivo de que a resultados idênticos ou equivalentes corresponda tratamento tributário igual" (art. 84). Amílcar de Araújo Falcão, *op. cit.*, p. 50.

mesmo porque se reconhecia pacificamente que, em verdade, as leis tributárias são leis como todas as outras e obedecem, conseqüentemente, unicamente às normas que regulam a interpretação das leis em geral sem que se possa fazer apelo nem ao princípio do *in dubio pro fisco*, nem ao princípio do *in dubio contra fiscum*.[11]

A primeira investigação que qualquer leitor de uma norma procede, seja jurista ou não, é a que o leva a uma interpretação direta mediante a determinação dos significados das palavras que a compõem, bem como no que concerne as suas conexões. Os termos postos pelo legislador, quando dotados de significado único, são por si só suficientes para que não haja riscos de a norma ser aplicada a casos diversos daqueles que são postos através das expressões unívocas. Se, entretanto, na norma tributária, são utilizados signos que já possuem significado advindo de outros ramos do Direito, este deve ser mantido dentro da interpretação da norma tributária, ao menos que tenha caído em uma impropriedade de linguagem – situação na qual o intérprete deverá interpretar a norma, atribuindo-lhe o significado atécnico mantido pelo legislador – ou se o legislador tenha desejado atribuir para um determinado tributo ou para um determinado ramo do Direito um significado especial.[12]

Na esteira de Amílcar Falcão, a interpretação das leis tributárias admite, em princípio, amplos processos de indagação, colimando averiguar a configuração e o real conteúdo econômico do fato gerador da obrigação tributária, sendo que esta verificação ou manifestação do fato gerador deve ser norteada, em regra, pelo Princípio Negocial *(Geschäftsprinzip)*. Assim, é conferida legitimidade ao intérprete para conjecturar sobre a natureza da relação econômica que se coloca, podendo investigar inclusive a real intenção que possa estar por trás da manifestação negocial, sem se atrelar estritamente a formalismos e à forma jurídica ex-

---

[11] Antonio Berliri, *Principi di Diritto Tributario*, Milano: Dott. A. Giuffrè Editore, 1952, p. 61-62.
[12] Idem, p. 64.

ternada.[13] Marcel Wurlod, quando estuda a interpretação econômica no Direito tributário suíço, posiciona-se no sentido de que este critério hermenêutico não se coaduna com impostos que apresentem nas suas hipóteses de incidência situações que correspondam a conceitos rígidos de Direito Privado, como exemplifica com os impostos sobre transações jurídicas *(Rechtsverkehrssteuern).*[14]

---

[13] *Op. cit.,* p. 75-76.
[14] Marcel Wurlod, *Forme juridique et réalité économique dans l'application des lois fiscales,* 1947, *apud* Amílcar Falcão, *op. cit.,* p. 132.

2. Norma e Sistema Jurídicos

Hans Nawiasky, jurista nascido em 1880 em Graz, Áustria, doutorado pela Universidade de Viena com a tese "Die Frauen im österreichischen Staatsdienst" (As mulheres no serviço público austríaco), começou a lecionar na Universidade de Munique em 1919, segundo informações prestadas por Klaus Vogel, em sede do prefácio da obra "Steuerrechtliche Grundfragen".[15] Por ocasião de artigo publicado na revista "Vierteljahresschrift für Steuer- und Finanzrecht", em 1928, dissertou Nawiasky sobre a divisão da teoria do Direito Tributário essencialmente a partir de três funções:

"a) O estudo científico das leis tributárias, a partir da qual se constrói sistematicamente um completo Direito Tributário positivo;

b) A exposição crítica do Direito Tributário, construído desde esta perspectiva legislativa e, concretamente, considerando tanto o ponto de vista material ou objetivo, como o formal ou técnico-jurídico;

c) A classificação das relações jurídicas fundamentais de caráter geral e a obtenção dos conceitos científicos essenciais do nosso campo".[16]

---

[15] Hans Nawiasky, *Cuestiones Fundamentales de Derecho Tributario* (tradução de Juan Ramallo Massanet do original *Steuerrechtliche Grundfragen*, München: Dr. Franz A. Pfeiffer Verlag, 1926), Madrid: Instituto de Estudios Fiscales, 1982, p. IX.

[16] Artigo publicado na Revista *Vierteljahresschrift für Steuer-und Finanzrecht*, n° 2 de 1928, p. 442-452, sob o título *Einiges über steuerrechtliche Grundfragen*. (In: Hans Nawiasky, *op. cit.*, p. 135-137)

Para o referido autor, as duas primeiras áreas são de maior importância, porquanto a ciência pode, por meio delas, contribuir de forma pragmática, justificando explicitamente sua própria existência até mesmo pela impossibilidade da prática, sem a ajuda da teoria, elevar-se acima dos "imprevistos da rotina" e cumprir com sua função corretamente. Além disso, defende que as leis tributárias não podem traduzir de pleno a realidade de um sistema político e social. A teoria científica, sobretudo, está investida do importante exame de conjunção dos específicos institutos tributários com o Direito como um todo.[17]

É justamente essa proposição da ligação dos institutos tributários com o Direito como um todo que nos leva à indissolubilidade do sistema jurídico. A busca pela definição do Direito Tributário como ramo da Ciência do Direito poderia impor-nos a análise sobre a autonomia do ramo, o que seria muito conveniente para fins didáticos. A idéia de que o Direito Tributário, por possuir seus próprios conceitos, normas, jurisprudência e doutrina, estaria, assim, desvinculado de todo o sistema jurídico, é inviável. Paulo de Barros Carvalho exemplifica com a regra-matriz do Imposto Predial e Territorial Urbano (IPTU), de competência dos municípios.[18] Trata-se de tributo, cuja hipótese de incidência é *a propriedade, o domínio útil ou a posse de bem imóvel, no perímetro urbano do Município, num dia determinado do exercício.* A norma que cria o fato imponível pode ser existente e válida, uma vez que obediente à matriz constitucional e ao processo legislativo adequado. Entretanto, sua eficácia está diretamente atrelada a sua compreensão de conceito e de abrangência, o que nos remete a outros ramos da Ciência do Direito. Dessarte, os conceitos de propriedade, de domínio útil, de posse e de bem imóvel são pertinentes ao Direito Civil, ao passo que a abrangência do perímetro urbano é regulada por regras do Direito Administrativo. Por seu turno, *município* é pes-

---

[17] *Op. cit.*, p. 137.
[18] Paulo de Barros Carvalho, *Curso de Direito Tributário*, 14ª ed., São Paulo: Saraiva, 2002, p. 14.

soa política de Direito Constitucional, e a duração do *exercício* é regulada por norma do Direito Financeiro.

É inafastável da unidade sistemática jurídica a reflexão pela busca de qualquer definição, seja por uma definição que sugere um conceito, seja por uma definição que soluciona uma controvérsia. Depreender de uma regra, de forma isolada, é desconsiderar o arcabouço jurídico, enquanto ordenação entrelaçada de proposições normativas. É rechaçar a idéia de hierarquia entre as normas. Jan Schapp tem como uma das premissas para a sua metodologia do Direito Civil a necessária vinculação da pretensão do Direito Civil com o sistema do Direito Civil, postulando que este ramo da ciência jurídica, como todo outro, precisa de uma ordem, que ele define através do conceito de sistema.[19]

Mister a existência de um contexto, que dê sentido ao Direito Civil, mormente indicando a posição das normas cíveis materiais em um todo. O contexto serve não somente para dar transparência e clareza ao conteúdo das normas, mas principalmente para trazer-lhes aplicabilidade.

O que o autor supracitado estabelece como fundamentos para o sistema que pretende estabelecer encontra subsídios históricos definidos. A pretensão, que surge como orientação para os contornos do sistema cível, é constatada nas instituições de Gaio, no ano de 160 d. C., onde podemos bem observar que "todo o direito, porém, do qual nós nos servimos, estende-se sobre pessoas ou sobre coisas ou sobre ações".[20] Para Jan Schapp, o sistema do Direito Civil culminaria em um sistema de ações, da forma como apresentado por Gaio, tendo a ação real e a ação pessoal seus fundamentos na propriedade e na obrigação, respectivamente, sendo mister a distinção dos conceitos básicos de pessoa, de coisa e de ação. Ressalvados alguns

---

[19] Jan Schapp, *Metodologia do Direito Civil*, trad. do original *Methodenlehre des Zivilrechts* por Maria da Glória Lacerda Rurack e Klaus-Peter Rurack, Porto Alegre: Sérgio A. Fabris Editor, 2004, p. 65-66.

[20] Gaio, *Institutionen*, Primeiro Livro, § 8 (traduzido para o alemão por Josef Lammermeyer, 1929), *apud*, Jan Schapp, *Metodologia do Direito Civil*, p. 66.

destaques, o sistema de Gaio, orientado por uma ordem fundada nos referidos conceitos, pode ser visualizado no BGB (*Bürgerliche Gesetzbuch*), onde a parte geral sobre pessoas, coisas e negócios jurídicos assemelha-se a esse sistema cível.[21]

O conceito de pretensão, dentro de sua origem histórica em Gaio, pode orientar a lógica do sistema do Direito Civil. Entretanto, é tarefa da ciência jurídica pragmatizar essa orientação, posto que a lei não está apta a "elaborar a lógica do sistema, pois apenas a pressupõe, até um certo grau". Na verdade, o sistema procurado por Schapp é um sistema de relações jurídicas, nas quais as pretensões têm sua gênese, pretensões essas que se inserem nas instituições do Direito Civil e que possibilitam a orientação do sistema.[22]

O sistema, inegavelmente atrelado à idéia de ordem e de unidade, deve ser compreendido por meio de coerente aplicação de diretrizes metodológicas que visem à correta harmonização das normas que o compõem. E a harmonização entre as normas, dentro de suas categorias, passa por uma verificação acerca da existência ou da inexistência de uma ordem imanente de hierarquização, analisada no plano dogmático (abstrato), e pelo problema concernente à possibilidade de aplicação de um critério de afastamento ou exclusão de aplicação de uma norma frente à outra, na solução do caso concreto, o que se analisa no plano pragmático (concreto).[23] A pretensão do Direito Tributário, para melhor orientar seu sistema, encontra seu fundamento maior no sistema constitucional, mormente no capítulo sobre o Sistema Tributário Nacional, nunca olvidando das garantias fundamentais insculpidas no artigo 5º, tampouco de outros direitos e garantias implícitos ao longo do texto constitucional, decorrentes do regime e dos princípios por ele adotados. Ainda como fundamento,

---

[21] Jan Schapp, *Metodologia do Direito Civil*, p. 67 e 68.

[22] Jan Schapp, *Metodologia do Direito Civil*, p. 76.

[23] Cfr. Humberto Ávila, *Sistema Constitucional Tributário*, São Paulo: Saraiva, 2004, p. 27-30.

os tratados internacionais a que o Brasil seja parte,[24] bem como os próprios fundamentos que constituem o Estado Democrático de Direito e os objetivos fundamentais da República Federativa do Brasil.[25]

Toda a análise aqui buscada converge também nos fundamentos para uma adequada e razoável aplicação das normas do Direito Tributário, especificamente sobre a (im)possibilidade de concretização isolada de uma norma – tal como a que foi insculpida no parágrafo único do artigo 116 do Código Tributário Nacional – desvinculada de todo o sistema. Mostra-se extremamente coerente o critério adotado por Humberto Ávila para a hierarquização das normas constitucionais, dissociando-as em um plano concreto e em um plano abstrato. A reflexão no plano concreto pressupõe a noção de prevalência para o caso de conflito, impondo uma contraposição entre normas, o que perpassa pela eleição de uma regra concreta que permita declinar pela preferência de uma outra razão dentre as conflitantes, fazendo com que haja uma norma mais válida do que a outra para caso concreto, levando à utilização de um critério de exclusão ou afastamento. O problema no plano abstrato divide-se em dois: o primeiro concerne à existência ou inexistência de um caráter imanente ou definitivo de hierarquia entre as normas dentro do sistema, em uma relação de superioridade e inferioridade; o segundo impõe

---

[24] Cfr. § 2°, do art. 5°, da Constituição Brasileira.

[25] Constituição Federal Brasileira, art. 1° – A República Federativa do Brasil, formada pela união indissolúvel dos Estados e Municípios e do Distrito Federal, constitui-se em Estado Democrático de Direito e tem como fundamentos:
I – a soberania;
II – a cidadania;
III – a dignidade da pessoa humana;
IV – os valores sociais do trabalho e da livre iniciativa;
V – o pluralismo político.
Constituição Federal Brasileira, art. 3° – Constituem objetivos fundamentais da República Federativa do Brasil:
I – construir uma sociedade livre, justa e solidária;
II – garantir o desenvolvimento nacional;
III – erradicar a pobreza e a marginalização e reduzir as desigualdades sociais e regionais;
IV – promover o bem de todos, sem preconceito de origem, raça, sexo, cor, idade e quaisquer outras formas de discriminação.

Planejamento Tributário e Interpretação Econômica

a descoberta das "relações de dependência (*Abhängigkeits-beziehungen*) entre as normas em um sistema jurídico específico".[26]

A relação de superioridade pressupõe a investigação de maior validade ou de sobreposição, enquanto a relação de dependência ou conexão, a que o autor também se refere como ordenação interna (*innere Einordnung*) ou combinação de normas (*Normenkombination*) ou ainda conexão de fundamentação (*Begründungszusammenhang*), também é, por vezes, analisada sob o aspecto da relação de hierarquia.[27] Conforme a perspectiva da semiótica, a hierarquia pode ser vista sob o ponto sintático e sob o ponto semântico. Aquele refere-se à relação de lógica entre as normas; este pode ser formal ou material. A hierarquia semântica formal trata dos "pressupostos formais que uma norma institui para a edição de outra", enquanto a hierarquia semântica material se direciona para os "pressupostos de conteúdo que uma norma estabelece para a edição de outra",[28] sendo que as limitações que se inferem dessas relações podem ser definidas como limitações materiais.[29]

No que concerne aos poderes e às fontes normativas, a hierarquia das normas pode ser vista dentro das categorias estrutural/formal, material, lógica e axiológica.[30] A hierarquia estrutural ou formal impõe que uma norma obtenha fundamento de validade em outra, como ocorre quando da edição de duas normas jurídicas por poderes diversos, *v.g.*, pelo poder constituinte reformador e pelo poder constituinte originário. A hierarquia material diz respeito à possibilidade de uma terceira norma estabelecer

---

[26] Humberto Ávila, *Sistema Constitucional Tributário*, São Paulo: Saraiva, 2004, p. 27.

[27] Idem, p. 28.

[28] Paulo de Barros Carvalho, *Curso de Direito Tributário*, 7ª ed., São Paulo: Saraiva, 1995, p. 138, *apud* Humberto Ávila, *op. cit.*, p. 29.

[29] Norberto Bobbio, *Teoria dell'ordinamento giuridico*, Torino: Giappichelli, 1960, p.46, *apud* Humberto Ávila, *op. cit.*, p. 29.

[30] Riccardo Guastini, *Le fonti del diritto e l'interpretazione*, Milano: Giuffrè, 1993, p. 37 ss e também do mesmo autor, *Teoria e dogmatica delle fonti*, Milano: Giuffrè, 1998, p. 121 ss, *apud* Humberto Ávila, *Sistema Constitucional Tributário*, p. 29.

fundamento de validade entre duas outras normas em conflito, declarando qual delas tem fundamento de validade e qual não o tem, o que ocorre, *e.g.*, na relação entre Constituição e Lei. A hierarquia lógica pode ser analisada na relação entre lei revogadora e lei revogada, pois depende da estrutura da linguagem. Por fim, a hierarquia axiológica depende da avaliação do intérprete, responsável por conferir maior valoração a uma norma em detrimento da outra.[31]

A ponderação de uma norma – qualquer que seja o sistema jurídico tomado como contexto – também poderia ser feita dentro da análise das circunstâncias temporais locais. Perelman comenta que a Bélgica fora quase que inteiramente ocupada pelos alemães durante a Primeira Guerra Mundial, momento em que o rei, por estar situado no Havre e na impossibilidade de reunir-se com a Câmara e o Senado, passou a legislar indiscriminadamente por decretos-leis. Teve-se por violado o art. 26 da Constituição belga, que dispunha sobre o exercício conjunto do poder de legislar por parte do rei, da Câmara e do Senado.[32]

Frente a essa excepcionalidade, devida a circunstâncias externas motivadas pela guerra, a Corte de Cassação belga conferiu legitimidade às ações legislativas do rei. Afirmou que o rei estava amparado na aplicação dos princípios constitucionais, sendo o único órgão do legislativo apto a adotar as medidas necessárias à defesa do território e dos interesses vitais da nação naquele delicado momento. Para tanto, o Procurador-Geral Terlinder sustentou que a aplicação dos princípios constitucionais deveria superar a letra da Constituição, privilegiando a manutenção de "axiomas de direito público", quais sejam, a soberania da Bélgica – que jamais esteve suspensa –, a impossibilidade de uma nação ficar sem governo e a impossibilidade de

---

[31] Humberto Ávila, *Sistema Constitucional Tributário*, São Paulo: Saraiva, 2004, p. 29.

[32] Perelman, *La lógica jurídica y la nueva retórica*. Trad. de Luis Díez-Picazo. Madrid: Civitas, 1979, *apud*, Eros Roberto Grau, *A Ordem Econômica na Constituição de 1988: interpretação e crítica*, 2ª ed., São Paulo: RT, 1991, p. 92 e 93.

existir governo sem lei ou sem poder legislativo. Eis algumas palavras importantes de Terlinder, segundo Perelman:

"Una ley nunca se há hecho más que para un período o régimen determinado. Se adapta a las circunstancias que la han motivado y no puede ir más allá. Solamente se concibe en función de su necesidad o de su utilidad. Y también, una buena ley no debe se(r) intangible, pues sólo vale para el tiempo que há querido regular. La teoría puede tener en cuenta abstracciones, pero la ley, que es obra esencialmente práctica, se aplica a situaciones concretas. Esto explica que, si bien la jurisprudencia puede extender la aplicación de un texto, existen siempre límites a esta extensión, que se encuentra menoscabada cuando la situación que el autor de la ley contempló, es substituida por otras que quedan fuera de sus previsiones. Una ley – constitución o ley ordinária – no estatuye jamás más que para períodos normales, para aquellos que há podido prever. Es obra del hombre y está sometida como todas las cosas humanas a la fuerza de las cosas, a la fuerza mayor y a la necesidad. Existen hechos que la prudencia humana no puede prever y situaciones que no se han podido tener a la vista, en las cuales la norma se há hecho inaplicable y en las que es preciso, como sea posible, separándose lo menos posible de las prescripciones legales, atender a las brutales necesidades del momento y contraponer algunos medios de fortuna a la fuerza invencible de los acontecimentos".[33]

A breve passagem de Perelman tenta justificar o afastamento da aplicação da letra da Constituição, mormente a regra que previa o exercício do Poder Legislativo pelo rei, pela câmara e pelo senado, por força de acontecimentos fáticos extraordinários, foras do alcance da prudência humana na ocasião. A aplicação de uma norma, conforme o autor, seja constitucional ou legal ordinária, somente se

---

[33] Perelman, *La lógica jurídica y la nueva retórica*. Trad. de Luis Díez-Picazo. Madrid: Civitas, 1979, *apud*, Eros Roberto Grau, *A Ordem Econômica na Constituição de 1988: interpretação e crítica*, 2ª ed., São Paulo: RT, 1991, p. 93 e 94.

deve efetivar para situações normais, que naturalmente foram previstas, o que exclui situações anormais como a exposta, que legitimam seu afastamento. O fundamento invocado encontrou arrimo na preservação de princípios constitucionais, elevados à categoria de "axiomas de direito público", para bem de preservar os postulados da soberania e do Estado de Direito na Bélgica.

Jerzy Wróblewski defende a existência de cinco tipos de princípios:[34]

"a) Principe positif du droit: c'est la norme explicitement formulée dans le texte du droit positif, à savoir soit une disposition légale, soit une norme construite à partir des éléments contenus dans ces dispositions ;
b) Principe implicite du droit: c'est une regle traitée comme prémisse ou conséquense des dispositions légales ou des normes;

c) Principe extrasystémique du droit : c'est une regle traitée comme principe, mais qui n'est ni principe positif du droit, ni principe implicite du droit;

d) Principe-nom du droit: c'est le nom caractérisant les traits essentiels d'une institution juridique ;

e) Principe-construction du droit: c'est la construction du législateur rationnel ou parfait, presupposée dans l'elaboration dogmatique du droit ou dans l'application et l'interprétation juridique."

Suscita inquietação a aplicação de princípios que não são explícitos nem implícitos no texto normativo, ou ainda a aplicação de princípios não-jurídicos. Se buscamos interpretar o Direito a partir de uma metodologia que nos orienta a utilizar opções hierarquizadas dentro de um sistema, mostra-se incoerente a aplicação de princípios que estejam fora do sistema, ou mesmo daqueles que não tenham a qualidade de jurídicos. Caso assim fosse, estaríamos sujeitos à possível submissão a princípios políticos,

---

[34] Jerzy Wróblewski, *Principes du Droit*, Dictionnaire Encyclopédique de Théorie et de Sociologie du Droit, Paris: LGDJ, 1988, p. 318, *apud* Eros Roberto Grau, *A Ordem Econômica na Constituição de 1988: interpretação e crítica*, 2ª ed., São Paulo: RT, 1991, p. 95.

típicos de regimes ditatoriais, sem qualquer conotação jurídica. Ou ainda, o que é muito grave, poderíamos ter uma diretriz de integração normativa que utilizasse normas de outros Estados para aquelas situações em que o intérprete não encontrasse a regra que se coadunasse perfeitamente ao conflito concreto. Portanto, somente os princípios que foram juridicizados – explícita ou implicitamente – estão aptos a integrar o sistema jurídico.

3. O Fato e a Conformação da Obrigação Tributária

3.1. O FATO IMPONÍVEL

Nossa análise passa necessariamente pela busca da solução para o problema da definição de um critério unitário para a causa do surgimento da obrigação tributária. Dependendo da configuração positivada das hipóteses de incidência dos tributos – opção do legislador – teremos como pressuposto da obrigação tributária um negócio jurídico, considerado dentro de seus específicos aspectos formais (*intentio juris*), ou o fato econômico provocado (*intentio facti*), que representaria a capacidade contributiva.

Autores há que vinculam a existência da obrigação tributária a uma situação ou um movimento de riqueza, diretamente atrelado à capacidade contributiva. Nesse ponto, não havendo riqueza, não há a obrigação tributária; aqueles que, por sua idade ou por sua situação econômica, não detêm capacidade contributiva, não integram relação obrigacional tributária, conforme posição de Ernst Blumenstein.[35] Dino Jarach, sob o ponto de vista da fonte da obrigação tributária – que ele chama de ponto de vista dogmático-formal – chega à conclusão de que as diferentes categorias de impostos devem necessariamente estar atre-

---

[35] *Schweizerisches Steuerrecht*, V. I, p. 171, *apud* Jarach, Dino, *O Fato Imponível – Teoria Geral do Direito Tributário Substantivo*, traduzido por Dejalma de Campos, 1ª ed., São Paulo: RT, 1989, p. 118.

ladas a um fato econômico, identificando como um erro da terminologia e da doutrina reconhecer uma categoria de impostos aos negócios ou aos atos jurídicos. Sua crítica insere-se na justificativa de que o fato imponível deve ser examinado segundo uma perspectiva dogmática substancial, ou seja, que visa a averiguar a causa da obrigação impositiva.[36]

Observe-se que o supracitado autor adentra na consideração econômica do ato ou do negócio realizado. Por outro lado, não nega que há impostos, cujo fato imponível seja uma relação jurídica de direito privado, mas que tal relação não tem importância para o surgimento da obrigação tributária, senão dentro da perspectiva econômica que o envolve, ou seja, da situação ou do movimento de riqueza. Assim coloca que "o que constitui o pressuposto de fato de todos os impostos, também dos titulados aos negócios ou à circulação jurídica dos bens, não é o negócio, ou seja, a manifestação de vontade que cria uma relação econômica jurídica, senão esta última, que, por sua natureza de relação econômica, está apta para colocar em evidência a capacidade contributiva".[37] No seu pensamento, não há razão para a distinção entre impostos sobre fatos econômicos propriamente ditos – como o imposto sobre a renda, que responde ao princípio da capacidade contributiva, seja em sentido amplo ou restrito – e impostos sobre a circulação jurídica de bens, pois sempre um negócio jurídico está estritamente vinculado com a situação econômica que constitui o fato imponível.

O negócio jurídico é o pressuposto de um dos requisitos do fato imponível. Assim, os negócios de venda, cessão, permuta, reorganização de sociedades – como fusões e incorporações – são pressupostos da obrigação tributária da mesma forma que o são os negócios jurídicos para os impostos sobre as transferências por causa de morte ou por ato *inter vivos*. Os impostos sobre as heranças e sobre

---

[36] *O Fato Imponível – Teoria Geral do Direito Tributário Substantivo*, traduzido por Dejalma de Campos, São Paulo: RT, 1989, p. 119-120.
[37] *Op. cit.*, p. 120.

as doações, segundo Jarach, em quase todos os países, gravam não o negócio jurídico da sucessão ou doação, mas sim a aquisição de uma soma a título gratuito.[38] Em Estados como os Estados Unidos e o Brasil, o imposto sobre as sucessões e as doações não oneram a aquisição de riqueza, senão a transferência ou transmissão de patrimônio. De acordo com a estrutura disciplinada pelo direito positivo de cada um desses países mencionados, tributa-se o fato econômico da transmissão da riqueza, e não o negócio jurídico que cede lugar ao fato da morte ou ao negócio da doação.

Não restam dúvidas de que doutrinadores como Dino Jarach sustentam uma ligação indissolúvel entre o fato jurídico e o fato econômico para fins de análise do fato imponível da obrigação tributária. Nesse raciocínio, não há razão para a distinção entre impostos sobre os fatos econômicos e os impostos sobre os negócios jurídicos, posto que é a relação econômica que interessa à característica unitária dos impostos, qual seja, a sua causa, a capacidade contributiva. Para o referido autor, seria possível conferir características uniformes a todos os fatos imponíveis, dentro de um conceito de imposto uniforme, mediante a identificação da causa com a capacidade contributiva.[39] O fato imponível – pressuposto da obrigação impositiva – é constituído pela relação econômica; o negócio jurídico, que representa a manifestação volitiva das partes, dentro das previsões do direito privado, é relevante para a lei tributária somente por criar uma relação econômica. Nessa senda, somente a *intentio facti* seria relevante para o nascimento da obrigação impositiva, mesmo porque a *intentio juris* unicamente se refere a uma classificação da relação que é criada pelo direito privado à disposição das partes. Jarach chega ao ponto de arriscar que a *intentio juris*, quanto aos efeitos da relação tributária que cria, se tivesse tanta importância, estaria a atribuir aos particulares da relação de direito privado um poder criador da

---

[38] Idem, p. 123.
[39] Idem, p. 124.

obrigação tributária, em total detrimento ao princípio fundamental da legalidade. Assim, defende que a investigação dogmático-formal não é suficiente para a apuração do fato imponível, sobrelevando, dessarte, a investigação dogmático-substancial, que procura a relação econômica criada pelo negócio jurídico e que é pressuposto da obrigação impositiva.[40]

Conforme os estudos de Bühler, sistemas jurídicos há em que o legislador prefere positivar o princípio documental (*Urkunden-prinzip*), de forma a prever taxativamente as relações econômicas através dos negócios jurídicos e especialmente através do resultado de determinados documentos.[41] Mesmo assim, para Jarach, permanece o fundamento dogmático da relação impositiva, de modo que o negócio fica como simples pressuposto de fato da obrigação impositiva; a fonte da obrigação continua sendo a lei, e a causa continua sendo a capacidade contributiva. Na verdade, a relação econômica é também fato imponível, mas prevista taxativamente por meio de determinados negócios jurídicos – aptos a criá-las – ou por meio de documentos.

A interpretação econômica defendida põe em confronto o princípio da certeza do direito e o da igualdade. Se vislumbrarmos a solução como sendo pela valoração dos aspectos formais, isto é, na perspectiva dogmático-formal, passaríamos pela avaliação da subsunção do fato à norma unicamente pelas suas características formais ou pela sua aparência, desprezando seu conteúdo ou sua relação econômica veiculada. Nesses moldes, configurar-se-ia maior certeza para as relações jurídicas, mesmo porque se estaria a limitar a atuação do intérprete, prejudicada quando da avaliação do conteúdo econômico, até então defendido como o verdadeiro fato imponível da obrigação. A ausência de requisitos formais, favorecendo a perspectiva dogmático-substancial, confere maior liberdade ao intérprete, possibilitando-o buscar a igualdade substancial, perquirindo

---

[40] Idem, p. 125-126.
[41] *Lehrbuch des Steuerrechts*, V. I, p. 111, *apud* Dino Jarach, *op. cit.*, p. 126.

a relação econômica, prescindindo da *intentio juris*, manifestada pelas formas utilizadas.[42]

3.2. ORIGEM HISTÓRICA DA INTERPRETAÇÃO ECONÔMICA

Alfredo Augusto Becker já mencionava em seus textos a origem histórica da interpretação econômica como sendo fruto da *Reichsabgabenordnung* de 1919 – a RAO – conhecida por nós como a Ordenação Tributária Alemã. Sainz de Bujanda considera-a como marco intelectual do percurso de evolução dos estudos tributários como relação jurídica.[43]

Talvez o mais importante aspecto apontado por James Marins acerca do advento da RAO foram os estudos de Ernst Blumenstein, Hans Nawiasky e Albert Hensel sobre a mesma, que trouxeram contribuição fundacional ao Direito Tributário, em especial marcando a transição da relação tributária de "relação de poder" para "relação jurídica".

Na verdade, a referida transição também marca o surgimento dos Princípios da Legalidade e da Tipicidade no ordenamento tributário alemão, porquanto o cidadão alemão passou a pagar o tributo em virtude de previsão em lei e na forma como o mesmo estava previsto. O suíço Ernst Blumenstein, em 1926, expôs a forma da transição, de "ato de poder puramente fático" (*reintatsächlichen Gewaltverhältnis*) ou uma "relação de força tributária" (*Abgabengewaltverhältnis*) para a relação jurídica existente no Estado Democrático de Direito (*Rechtsverhältnis*).[44]

---

[42] Ver também obra de Dino Jarach, intitulada *Principi per l'Applicazione delle Tasse de Registro*, especificamente na nota *La considerazione del contenuto economico nell'interpretazione delle leggi d'imposta*, onde o autor expõe a doutrina segundo a qual "a interpretação econômica das leis impositivas deriva do conceito de causa da obrigação de imposto, identificada com o princípio da capacidade contributiva", cfr. Jarach, *op. cit.*, p. 127.

[43] James Marins, *Elisão Tributária e Sua Regulação*, São Paulo: Dialética, 2002, p.17.

[44] Ernst Blumenstein, *Sistema di Diritto delle Imposte* (tradução de Francisco Forte do original System des Steuerrechts, Zürich: Polygrafischer Verlag AG, 1945), Milão: Giuffrè, 1954, p.9, *apud* James Marins, *op. cit.*, p.18.

Planejamento Tributário e Interpretação Econômica

É inegável a influência da doutrina do nacional-socialismo alemão para a interpretação econômica dos atos e negócio jurídicos. Enno Becker afirma que, apesar de a reforma tributária alemã de 1934 (Lei de Adaptação Tributária – *Steueranpassungsgesetz*) conseguir trazer a contribuição de transformar a teoria da interpretação econômica para a teoria do abuso das formas e do abuso do direito, terminou por incluir uma cláusula de âmago nitidamente político, ou melhor, nazista, com o seguinte teor:

"As leis fiscais devem ser interpretadas de acordo com as concepções gerais do nacional-socialismo".[45]

Graças a um parecer de Alfredo Augusto Becker, na década de 60, no Brasil, o autor do anteprojeto do Código Tributário Nacional, Rubens Gomes de Sousa, rechaçou a possibilidade de inserção de dispositivo que contemplasse a cláusula geral antielisiva nos moldes da cláusula alemã, por ocasião de apreciação parlamentar do referido *Codex*.

Segundo Aliomar Baleeiro,[46] o projeto de Código Tributário Nacional, sob a lavra de Oswaldo Aranha e Rubens Gomes de Sousa, tinha, originalmente, um modelo de cláusula geral antielisiva ou anti-simulação (distinção que será objeto de análise ulterior), que previa como um dos objetivos da interpretação da legislação tributária a aplicação a atos ou situações nela previstos – hipóteses de incidência – como também aqueles que poderiam produzir resultados equivalentes.

James Marins ainda nos lembra que houve uma tentativa de inserção de dispositivo no art. 51 da Lei 7.450/85, que estabelecia moldes para a interpretação econômica para fins de imposto de renda, o que não prosperou.[47]

---

[45] Alfredo Augusto Becker, *Carnaval Tributário*, São Paulo: Lejus, 1999, p. 131 e ss, *apud* James Marins, *op. cit.*, p. 18.

[46] Redação original do art. 74 do CTN: "A interpretação da legislação tributária visará a sua aplicação não só aos atos ou situações jurídicas nela nominalmente referidos como também àqueles que produzam ou sejam suscetíveis de produzir resultados equivalentes." (*Direito Tributário Brasileiro*, 10ª ed., Rio de Janeiro: Forense, 1993, p. 444, *apud* James Marins, op. cit., p. 19)

[47] "Art. 51. Ficam compreendidos na incidência do imposto de renda todos os ganhos e rendimentos de capital, qualquer que seja a denominação que lhes seja dada, independentemente da natureza, da espécie ou da existência de título ou

3.3. A INTERPRETAÇÃO ECONÔMICA

Blumenstein, ao estudar a interpretação econômica segundo a legislação alemã, constatou que a intenção do legislador foi de prever hipóteses de incidência para o surgimento da obrigação tributária e hipóteses de incidência suplementares. Na verdade, o legislador definia exatamente a hipótese de incidência relevante para o Direito Tributário e, em havendo diferente conotação da prevista na hipótese de incidência, indicava outra hipótese, cuja subsunção do ato/fato à norma deveria ter os mesmos efeitos jurídicos daquela. Ainda, afirmava que as hipóteses de incidência suplementares se referiam, via de regra, ao objeto da tributação, previsto na própria hipótese de incidência.

Para o doutrinador suíço, o Princípio da Segurança Jurídica no Direito Tributário poderia ser garantido pelas definições dadas pelo Direito Civil para os fatos, desde que tal definição não fosse desvirtuada com fins de elisão tributária. Assim ocorrendo, defende que poderiam ser utilizadas as hipóteses de incidência suplementares para alcançar a verdadeira intenção do agente, mas não ser utilizada a interpretação com finalidade econômica. A previsão das hipóteses de incidência suplementares deveria ocorrer de forma que abarcasse cada prática elisiva, ou seja, de forma que o ato/fato resultante – diverso do pretendido – fosse passível de subsunção à norma legal, isto é, à hipótese de incidência suplementar. Vislumbramos a manifestação dos Princípios da Legalidade e da Tipicidade.

"O Direito Tributário liga a entrada das obrigações tributárias ao preenchimento ou à satisfação de determinadas hipóteses de incidência".[48] Assim, a sujeição passiva tributária surge a partir de cada caso isolado, tendo

---

contrato escrito, bastando que lhe decorram do ato ou negócio que, pela sua finalidade, tenha os mesmos efeitos do previsto na norma específica de incidência de imposto de renda." (James Marins, *op. cit.*, p. 19)

[48] "Das Steuerrecht knüpft den Eintritt steuerrechtlicher Verpflichtungen an die Erfüllung bestimmter tatsächlicher Voraussetzungen." Ernst Blumenstein, *System des Steuerrechts*, Zürich: Polygraphischer Verlag A.G. Zürich, 1951, p. 22.

como início a subsunção da conduta à prescrição fática legal. O fato gerador deve indicar uma determinada condição fática e jurídica, da qual a fixação do tributo é desse momento dependente. Apenas em situações determinadas vislumbra-se a possibilidade da concretização de negócios jurídicos dentro da lei, especificamente através da utilização das formas previstas pelo Direito Civil, de forma a não preencher as condições ou previsões das hipóteses de incidência e, conseqüentemente, não resultar no surgimento da obrigação tributária. Para Blumenstein, a concepção do Direito Tributário da época, em se tratando de elisão tributária, caminhava no sentido de impedir sua viabilização e terminar com os resultados econômicos mais favoráveis obtidos nas diversas relações jurídicas.[49]

O autor defende a idéia de que o legislador tenta impedir a elisão através da criação de hipóteses fáticas substitutivas. Compreendia no trabalho que tinha o legislador de escrever exatamente as hipóteses de incidência relevantes e, na apuração do fato gerador, em se verificando caso de falta de alguma das suas características, conduzir a situação fática ao enquadramento da hipótese de incidência, fazendo surgir a obrigação tributária com o mesmo efeito jurídico que deve ter cada hipótese elencada inicialmente por ele.[50]

A Teoria do Abuso das Formas adquiriu forma com a Lei de Adaptação Tributária (*Steueranpassungsgesetz*), de 1934, na Alemanha de Hitler, podendo ser considerada manifestação de cláusula geral antielisiva. Segundo James Marins, esta tinha a seguinte redação: "A obrigação tribu-

---

[49] "Der das Steuerobjekt bildende Tatbestand muss eine bestimmte rechtliche und tatsächliche Beschaffenheit aufweisen, und auch die Bemessung der Steuer ist von derartigen Momenten abhängig. In gewissen Fällen können nun diese tatsächlichen Verhältnisse durch die Beteiligten in an sich rechtlich erlaubter Weise, namentlich durch Benützung der Formen des Zivilrechts, so ausgestaltet werden, dass sie den steuerrechtlich massgebenden Tatbestand nicht erfüllen und daher auch die steuerrechtlichen Verpflichtungen nicht zur Entstehung gelangen lassen. Hier spricht man von einer *Steuerumgehung*, und die moderne steuerrechtliche Auffassung geht dahin, dass ihre Ermöglichung zu verhindern und ihre steuerwirtschaftliche Auswirkung aufzuheben sei." *Op. cit.*, p. 23.
[50] *System des Steuerrechts*, p. 23.

tária não pode ser evitada nem reduzida por abuso das formas, nem pela interpretação abusiva das possibilidades do Direito privado. Em caso de abuso, os impostos devem ser cobrados conforme uma interpretação legal adequada aos efeitos, situações e fatos econômicos".[51]

Tanto nos estudos de Blumenstein como nos de Hensel, já havia manifestações que até hoje são muito discutidas. Assim, podemos citar noções de: a) "fórmula negocial anormal" (assim entendida como toda fórmula usada diversa da tradicional no mundo dos negócios), b) "a distinção entre conduta elisiva e o *agere in fraudem legis* (a lei não pode proibir a economia lícita de impostos, e o contribuinte não tem obrigação de defender os interesses do Fisco), c) a inexistência de "imoralidade" na conduta antielisiva, d) a distinção entre elisão e negócios simulados e dissimulados, e) a impossibilidade jurídica de majoração de tributo ou de aplicação de penalidade para o agente da conduta elisiva (uma vez que esta não é ilícita).[52]

Albert Hensel é provavelmente um dos doutrinadores alemães de maior expressão e renome não apenas na Alemanha, mas em todo o mundo desde o início do século XX. Com 28 anos, era um extraordinário professor de Direito Público da Universidade de Bonn e da Universidade de Königsberg, lecionando nas disciplinas de Direito Constitucional, Administrativo, Internacional, Financeiro e Tributário. Sua importância é crucial para a presente obra, porquanto sua análise da *Reichsabgabenordnung* de 1919 é reconhecida mundialmente como uma das pioneiras e mais bem elaboradas, em especial no que concerne às disposições sobre a norma geral antielisiva. Assim, não podemos nos afastar dos seus estudos, que para nós são a origem da norma geral antielisiva.

Segundo Hensel, toda e qualquer manifestação legislativa tendente à proteção contra a elisão nunca seria suficientemente adequada à conjuntura legislativa na Alemanha do período posterior a 1919. Mesmo com intensa

---

[51] *Op. cit.*, p. 22.
[52] James Marins, *op. cit.*, p. 22.

produção legislativa tributária na época, nunca poderiam prever todas as formas típicas de elisão.[53] Nessa proposição, observamos claramente o respeito aos Princípios da Tipicidade e da Legalidade Tributária, que já pautavam a atividade do legislador alemão e impediam – em tese – a atuação do administrador tributário em sede de desconsideração de atos e negócio jurídicos com forma diversa da prevista na hipótese de incidência do tributo.

Cumpre salientarmos o panorama do desenvolvimento do nacionalismo alemão para uma melhor reflexão e compreensão das causas para uma teoria normativa da interpretação econômica. O modelo político-filosófico instaurado na Alemanha após a Primeira Guerra Mundial buscou recuperar a falta de idoneidade das instituições democráticas e parlamentares modeladas pela Constituição de Weimar. O sentimento da derrota amargurado pelo povo alemão trouxe à tona um conflito de âmbito constitucional, pois implicou descrédito total nas instituições do Estado e na própria forma e sistema de governo. As modificações nos planos econômico e social aceleraram a subida galopante do Partido Nacional Socialista ao poder, preocupado com a recuperação da identidade do povo alemão e com a recuperação do Estado no contexto internacional. Seu triunfo impôs uma realidade política radicalmente nova, transformando na sua integridade a vida naquele país, o que modificou essencialmente os princípios do Direito Financeiro, os quais sempre acompanharam, *pari passu*, a evolução das instituições políticas. Todo arcabouço valorativo ganhou novos moldes, materializados com a gênese de uma condizente estrutura constitucional.[54]

No começo do século XVI, a Europa ainda estava sob forte controle das grandes monarquias, responsáveis por

---

[53] "La difesa contro l'elusione, per mezzo di clausole speciali, spesso particolarmente nel periodo dell'introduzione di molte nuove leggi tributarie, non è del tutto sufficiente, perchè le 'tipiche vie di elusione' non possono essere tutte previste." Albert Hensel, *Diritto Tributario*, Milão: Dott A. Giuffrè – Editore, Multa Paucis AG, 1956, p. 144.

[54] Fernando Sainz de Bujanda, *Hacienda y Derecho*, Madrid: Instituto de Estudios Politicos, 1955, p. 355-356.

assentar as bases coercivas do Estado Unitário. No entanto, na porção central do continente, ainda perdurava o Sacro Império Romano-Germânico, formado por mais de trezentos Estados, interligados por um vínculo político imperial frágil, mas que conotava já a idéia daquilo que já se chamava "Alemanha". Havia de fato e de direito uma falta de verdadeira monarquia nacional em todo esse conglomerado de ainda "feudos" autônomos, incapazes de por si mesmos integrarem as forças sociais de um Estado, tampouco de implementar métodos de formação de um Estado de Direito. Ao contrário de Estados como Espanha, França e Inglaterra, a formação do moderno Estado alemão teve sua verdadeira gênese apenas com o Império de Bismarck, por meio de uma constituição que visava a estruturar política e juridicamente um Estado de grandes proporções. O problema constitucional tinha seu cerne, desde o século XIX, na dificuldade de integração dos vários Estados em uma unidade política superior, o que foi paulatinamente encontrando sua solução com a concentração em um poder central, desprovido de regras que limitassem sua atuação, em detrimento da preocupação com a formalização normativa de um sistema de direitos e garantias fundamentais individuais.[55]

Com a derrota na Primeira Grande Guerra e com a derrubada do Império de Bismarck, a nação germânica passou a revisar suas crenças políticas, revigorando o sentido de democracia – há mais de meio século esquecido – retomando as liberdades e garantias do homem, bem como pressionando o governo a substituir a estrutura imperial pela estrutura parlamentarista. Com a chegada do ano de 1919, a Assembléia Nacional aprovava a Constituição de Weimar, que criou o verdadeiro regime constitucional. Foram inseridas as mesmas bases normativas de governo que outros Estados de regime democrático e parlamentarista europeus já detinham no século XIX. A forma da federação passou a ser norteada por princípios já sedimentados em outros Estados, como o princípio da sobera-

---

[55] Idem, p. 357.

Planejamento Tributário e Interpretação Econômica

nia popular, da prevalência da Assembléia sobre o governo e do respeito a todos os direitos inerentes à pessoa humana, sobretudo a sua dignidade. Em matéria de finanças públicas, o artigo 85 determinava que "todas as receitas e despesas do Império devem ser previstas e fixadas para cada ano econômico no *Presupuesto* e que este será aprovado por uma lei".[56] Deparamo-mos com clara manifestação de princípios do Direito Orçamentário, como o Princípio da Unidade, o Princípio da Universalidade, o Princípio da Anualidade e o Princípio da Reserva da Lei.[57] O artigo 86 determinava que o Ministro da Fazenda deveria apresentar, no exercício econômico seguinte, ao Executivo e ao Legislativo, a conta das inversões das receitas do Império, e que o exame das mesmas se regularia por uma lei. O artigo 87 previa que somente se autorizava redefinir o destino dos créditos lançados no orçamento se fosse para a obtenção de recursos para situações de necessidade extraordinária, em caráter de investimento, e que o Império não podia contrair empréstimos nem dar garantias senão quando autorizados por lei. O artigo 134 consagrou o Princípio da Legalidade Fiscal, ao estabelecer que todos os cidadãos, sem distinção, contribuiriam aos cofres pú-

---

[56] Cfr. Pérez Serrano y González Posada, *Constituciones de Europa y América*, Madrid, 1927, vol. 1, p. 23 e seg., *apud* Sainz de Bujanda, *op. cit.*, p. 358.

[57] O Princípio da Unidade implica que todas as receitas e despesas do Estado devem estar reunidas em um só documento, para que possam ser analisadas em conjunto, facilitando o seu controle e o estudo da situação financeira do Estado; O Princípio da Universalidade impõe que todas as despesas e todas as receitas da União, nos seus valores brutos, devem ser incluídas na lei orçamentária, inclusive as relativas aos seus fundos, órgãos e entidades da administração direta e indireta, bem como fundações instituídas e mantidas pelo Poder Público (CF, art. 165, § 5°, I, e Lei n° 4.320/64, art. 6°; o Princípio da Anualidade traduz a imposição de que o orçamento deve ser elaborado para um período determinado, geralmente de um ano, na maioria dos Estados. O art. 165, § 9°, I, da CF, determina que cabe à lei complementar dispor sobre o exercício financeiro, e o art. 34 da Lei 4.320/64 dispõe que o exercício financeiro coincidirá com o ano civil; o Princípio da Reserva da Lei informa que os orçamentos e os créditos adicionais só podem ser aprovados por lei formal, o que ganha exceção para os créditos extraordinários (art. 167, §3°, CF), que podem ser autorizados por medida provisória (art. 62, CF) por força da urgência que clamam. Luiz Emygdio Franco da Rosa Júnior, *Manual de Direito Financeiro e Direito Tributário*, Rio de Janeiro e São Paulo: Renovar, 16ª ed., 2002, p. 83-88.

blicos na proporção de suas capacidades (*sus haberes*) e conforme a lei.[58]

Sofrendo ainda com as conseqüências da derrota na Grande Guerra, a Alemanha não conseguiu desenvolver suas novas instituições políticas, estabelecidas na Constituição de Weimar, sem enfrentar dificuldades. Aliás, para nenhuma nação seria trivial a tarefa de transpor seus valores políticos totalitários anteriores – nesse caso, desaparecidos com o término do Império – para a nova orientação que buscava suscitar as diretrizes democráticas, que já estavam sendo desenvolvidas ao longo de um processo histórico de luta contra os governos absolutistas. Destarte, o processo de constitucionalismo pautado na democracia e no sistema parlamentarista desencadeia-se em um contexto de máxima tensão social, proporcionado pelos ideais antagônicos sustentados pelos comunistas (esquerdistas) e pelos nacionalistas (direitistas): os primeiros, que não tinham qualquer interesse no sistema parlamentarista, buscaram impor um sistema bolchevique de governo; os segundos estavam incutidos no ideal de fomentar o sistema parlamentarista com o único propósito de extirpar do cenário político os partidos marxistas e tomarem por completo o poder. Von Mises expõe que ambas as facções políticas aproveitaram-se da República de Weimar como seu campo de batalha pela ditadura que cada um queria instaurar. Ambos prepararam-se para uma guerra civil, mas os nacionalistas adquiriram cada vez mais força.[59] Sobretudo, as circunstâncias que pautaram o desenvolvimento da vida econômica e financeira da Alemanha contribuíram ao triunfo nacionalista.

É possível distinguir, segundo Stolper, três períodos bem marcados da República de Weimar. O primeiro, durante os três primeiros anos, agravado pela inflação e pela tensão política constante; o segundo, que se estende de

---

[58] Cfr. Pérez Serrano y González Posada, *Constituciones de Europa y América*, Madrid, 1927, vol. 1, p. 23 e seg., *apud* Sainz de Bujanda, *op. cit.*, p. 358.

[59] *Omnipotencia gubernamental*, Méjico: Ed. Hermes, p. 317, *apud* Sainz de Bujanda, *op. cit.*, p. 359.

Planejamento Tributário e Interpretação Econômica

1923 a 1929, de florescimento político e econômico; o terceiro, nos quatro últimos anos da República, de 1929 a 1932, de decadência de diversos setores, entre eles o industrial, o agrícola e o bancário.[60] Como em qualquer outra crise de governo, surgiu uma série de medidas de política econômica, em especial de caráter voltado a reduzir a inflação, que provocaram nova insatisfação popular frente à República. Os salários e o poder de compra das famílias caíram bruscamente, em especial para tentar conter a grave crise que abalava o comércio exterior, já decadente, no país. Entretanto, não prosperaram os propósitos do governo, e a moeda continuou em constante depreciação frente às moedas dos principais países compradores e competidores, o que levou a economia do interior da Alemanha a conjunturas alarmantes. A culpa toda foi transferida para a administração da República de Weimar, que passou a ser exigida para que apresentasse um novo modelo econômico. A crise chegou às proporções de uma catástrofe, tendente a colocar em perigo todo o sistema internacional de crédito. Por força de todo esse declínio econômico, do abalo do comércio exterior e da desvalorização da moeda, abria-se caminho para os ideais do Nacional-socialismo.

A tese de Von Mises coincide com a de Stolper no sentido de que a Alemanha passava por uma situação econômico-financeira que ocasionou uma transformação política em padrões nunca experimentados por nenhuma nação. A tentativa de desenvolver a democracia através dos moldes da República de Weimar não logrou êxito em alcançar a já consolidada democracia dos Estados Unidos, mormente porque a crise econômica provocou o que de pior poderia acontecer: a troca da situação entre o partido dominante e a oposição. A insipiente democracia alemã não estava preparada para suportar o golpe dado pela crise.[61] Com isso, a ala nazista passou a manifestar-se

---

60 *Historia económica de Alemania*, Méjico, 1942, p. 121, *apud* Sainz de Bujanda, *op. cit.*, p. 359.
61 Idem, p. 360-361.

com grande força em todo o país, alegando que a depressão econômica tinha sua causa na enorme dependência alemã aos mercados estrangeiros. Os ideais do nacional-socialismo ecoavam alto, na medida em que apresentavam um programa de governo que dispunha sobre uma solução concreta para o problema mais grave daquele momento, qual fosse, a forma de enfrentar as barreiras comerciais estrangeiras, solução que não era apresentada por nenhum outro partido. A propaganda do nacional-socialismo refletia a desacreditada política econômica dos governos republicanos, entregues e atreladas por completo ao capitalismo financeiro internacional, controlado pelos judeus. O Poder Executivo federal, como não encontrava mais apoio na Poder Legislativo, provocando seu afastamento crescente, não conseguiu dar continuidade a sua política deflacionista, infringindo as normas constitucionais que regulavam as atividades desses dois Poderes, bem como ultrapassando os limites impostos.

O partido nacional-socialista intentou com grande energia um programa político que buscava eliminar a luta de classes e fortalecer o Poder Público em defesa do povo alemão e de sua economia. Seduziu, sem grandes esforços, a população, o que lhe proporcionou fácil vitória no pleito eleitoral de 24 de abril de 1932, no qual Adolf Hitler recebeu em torno de treze milhões de votos para assumir a Presidência da República. Ocorre que uma relevante mudança político-estrutural estava para acontecer, que transporia por completo os moldes anteriores estabelecidos, mesmo porque ninguém desejava mais o modelo vigente. Foi também com base nesse pressuposto que culminaram por substituir as instituições políticas previstas na Constituição por outras pautadas de acordo com os princípios do partido. Em 2 de agosto de 1934, Hitler expediu um decreto, abolindo a Constituição.

Cumpre atentarmos para os fundamentos que serão a seguir desenvolvidos, porquanto são determinantes para a compreensão da gênese do caráter totalitário (autoritário e ditatorial) da normatização da interpretação econômica no campo tributário, que teve seu ápice no governo do

Führer. As mudanças políticas, conforme já se expôs, foram radicais ao ponto de passarem a ser norteadas por diretrizes inspiradas apenas no *Führerprinzip* (Princípio do Condutor, ou seja, Princípio do Hitler), segundo o qual as decisões importantes da vida pública deveriam ser tomadas apenas por uma pessoa, e não por um conjunto que não assumia responsabilidades. A tradução pragmática desse princípio manifestou-se com a atribuição de todo o poder de Estado para o *Führer*, que tinha a incumbência de exercitá-lo segundo as aspirações do povo alemão. Os poderes do então "presidente" passaram a ser erigidos ao *status* de "pedra angular do sistema político".[62]

O modelo de recuperação econômica caminhou no sentido de transformar-se em uma economia de guerra em tempos de paz (*wehrwirtschaft*), que culminou, a partir de 1939, em uma economia a serviço da guerra.[63] Foram estabelecidos planos para cada quatro anos de governo, através dos quais o Poder Público passou a centralizar todo potencial produtivo do país, incluindo um controle sobre a mão-de-obra, sobre os transportes, sobre os bens de produção e sobre a distribuição de capital e de crédito. Entretanto, o princípio do *Führer* não se coadunava com a ditadura econômica e com o modelo federalista de Estado reconhecido pela Constituição, posto que Hitler precisava obter competência absoluta e privativa para quaisquer decisões políticas, algo ainda não experimentado pelos outros países. A "Planificação" ou o programa político de quatro anos só podia prosperar com a centralização absoluta de todas as forças de produção no poder central, algo inviável em Estados de divisão por zonas, como as federações.

Nessa linha lógica, foi promulgada uma lei em 30 de janeiro de 1934, votada no *Reichstag*, conferindo ao governo nazista amplos poderes para modificar a Constituição, sem qualquer consulta à Câmara, terminando por defini-

---

[62] Idem, p. 362-364.
[63] Davin, *Die finanzautonomie Deutschlands*, Bruselas, 1940, *apud* Sainz de Bujanda, *op. cit.*, p. 366.

tivo com o *Reichsrat*, com as assembléias e com os governos dos Estados-Membros.

As reformas constitucionais que se seguiram passaram a apresentar o novo rumo dado ao Direito Financeiro da Alemanha. Os princípios insculpidos até então foram reformados segundo uma postura totalmente autoritária da Fazenda. O ideal de "comunidade alemã" e a unificação política impuseram os fundamentos da nova base principiológica. O *Reichstag* havia perdido a supremacia entre os Poderes do Estado, transferidos na plenitude para o chanceler do *Reich*, de forma ilimitada, por força das próprias concepções do nacional-socialismo. Dotado de tal supremacia política, Hitler agora já podia aprovar unilateralmente o orçamento do Império, dispondo com total liberdade sobre as despesas e as receitas.

A fiscalização e o controle orçamentário passaram a ser feitos pelo próprio governo. Assim, perderam sua razão de ser, uma vez que não mais eram realizados pelo *Reichstag*. O que mais impressiona é que a justificativa para essa ausência de controle era a simples confiança que o povo depositava no governo, seu legítimo representante, de tal forma que, a partir de 1935, não foram mais publicados os orçamentos, em obediência a um novo princípio que Sainz de Bujanda chama de "Segredo Orçamentário".[64] As receitas, que inicialmente eram mensais, passaram a ser trimestrais e, desde a guerra, não eram mais publicadas para conhecimento dos cidadãos. Os estudos de política fiscal durante o Terceiro Reich tornaram-se inviáveis, por força da dificuldade de acesso aos dados das receitas e das despesas, suprimidos pelos dirigentes nazistas, o que implicou o fim do Princípio da Publicidade dos atos administrativos. Assim, por mais que tenham sido publicados, no início do nacional-socialismo, os demonstrativos das quantias arrecadadas, jamais foram publicados os demonstrativos dos destinos da arrecadação, tampouco era consultada a nação sobre essa pretensão. Bastava a autorização do *Führer* para que as despesas fossem efetivadas,

---

[64] *Op. cit.*, p. 368-369.

sempre tendo como motivo o melhor destino para o bem da nação.[65]

O abalo ao Estado Democrático de Direito não ocorreu apenas durante o governo nazista. Atualmente, o medo imposto pelo terrorismo chegou ao ponto de provocar o governo norte-americano a declarar que o país está em um estado de guerra prolongado, segundo análise do filósofo e professor Richard Rorty, da Universidade de Stanford, nos Estados Unidos.[66] Os danos causados pelos ataques terroristas, em especial os que pautaram o dia 11 de setembro de 2001, têm como maior impacto não o sofrimento e as mortes, mas sim o medo quanto às medidas que os governos ocidentais tomarão para reagir ao terrorismo, ao ponto de poder significar até mesmo o fim de algumas instituições, criadas mediante muito esforço após as revoluções burguesas na Europa e na América do Norte. A guerra contra o terrorismo pode chegar a conseqüências mais desastrosas do que as trazidas pela ação terrorista para o Estado Democrático de Direito, visto que a insegurança e o medo provocados pela ação do desconhecido podem levar a opinião pública a aceitar medidas que poderiam culminar no extermínio do atual modelo de democracia. Para o professor de Stanford, haveria uma mudança radical nas condições sociais e políticas da vida ocidental, na qual o Judiciário perderia sua independência para o Executivo, atuante mediante comandantes militares regionais, que enfeixariam em suas mãos, da noite para o dia, poderes que até então somente os eleitos pela via do sufrágio universal detinham.[67]

Rorty acreditava, em pleno drama do dia 11 de setembro de 2001, que o governo Bush iria aproveitar o momento para retomar poderes plenos e absolutistas, como fizeram os nazistas por ocasião do incêndio do *Reichstag*.

---

[65] *Op. cit.*, p. 370-371.

[66] Richard Rorty, *Entre Quatro Paredes*, artigo baseado em uma conferência pronunciada no Fórum Einstein, em Berlim (tradução de Luiz Roberto Mendes Gonçalves). Para conhecer mais sobre o autor, ler "Para Realizar a América" (DP & A) e "Ensaios sobre Heidegger e Outros" (Relume – Dumará).

[67] Idem.

Não estava de todo errado, porquanto a Casa Branca exigiu poderes especiais imediatamente, os quais foram conferidos pelo Congresso através do *Patriot Act* (conjunto de medidas aprovado por maioria absoluta no Congresso no dia seguinte ao dos atentados e considerado um marco na violação dos direitos civis norte-americanos). Entretanto, dificilmente todos os parlamentares que o votaram tinham conhecimento pleno do seu conteúdo, ao ponto de fazerem seu livre e consciente juízo de aprovação ou desaprovação, posto que esse documento é um compêndio complexo de 342 páginas, que dificilmente seria objeto de votação e aprovação apenas durante o dia que se seguiu ao dos atentados.

Da mesma forma como observado pela imposição das diretrizes da doutrina nacional-socialista, tanto o *Patriot Act* como seu texto homólogo britânico *Anti-Terrorism, Crime and Security Act* atingem frontalmente a liberdade e a segurança jurídica. Para Rorty, é a retomada de um "absolutismo esclarecido imposto por uma nomenclatura", estrutura que sobreviveu à queda da União Soviética e que volta a se firmar com Vladimir Putin, bem como na China e no Sudeste Asiático. Não é preciso reiterar que nos países com esse modelo, a opinião pública exerce pouca ou quase nenhuma influência sobre as decisões do governo, arriscando-se a retomada ao *ancien régime*. Alerta ainda para o fato da manutenção de uma temerosa e duvidosa cultura política, segundo a qual os Estados Unidos e os países da União Européia traçam medidas de segredo de Estado, qualificando-as como único meio apto a garantir a segurança nacional, mediante ocultação completa de suas atividades do conhecimento da opinião pública.

O governo alemão de 1919 – na época ainda sob a forma de Império (*Reich*) – no intento de combater energeticamente a evasão tributária em todas suas formas, insistia muito na introdução de cláusula geral antielisiva no seu Código Tributário (*Reichsabgabenordnung*).[68] Grande

---

[68] Reichsabgabenordnung, mit Nebengesetzen. Kommentar von H. C. Enno Becker, Alfred Riewald und Carl Koch. Köln, Berlin, Bonn, München: Carl Heymanns Verlag KG, 1963, p. 663-664.

briga foi travada pelo governo, quando da elaboração do código, especialmente com os representantes dos industriais no parlamento, que ofereceram muita resistência contra a inserção da cláusula, que restou publicada, inicialmente, no § 5 da RAO (*Reichsabgabenordnung*) de 1919 e, posteriormente, no § 10 da AO de 1931. Por fim, foi na *Steueranpassungsgesetz* (StAnpG) de 1934 que a cláusula ganhou sua feição imperialista final, sob orientação de Adolf Hitler:[69]

> "§ 6 (1) Durch Missbrauch von Formen und Gestaltungsmöglichkeiten des bürgerlichen Rechts kann die Steuerpflicht nicht umgangen oder gemindert werden.
>
> (2) Liegt ein Missbrauch vor, so sind die Steuern so zu erheben, wie sie bei einer den wirtschaftlichen Vorgängen, Tatsachen und Verhältnissen angemessenen rechtlichen Gestaltung zu erheben wären.
>
> (3) Steuern, die auf Grund der für unwirksam zu erachtenden Massnahmen etwa entrichtet worden sind, werden auf den Betrag, der nach Absatz 2 zu entrichten ist, und auf andere Rückstände des Steuerpflichtigen angerechnet und, soweit eine solche Anrechnung nicht möglich ist, erstattet. Nach Ablauf des Jahrs, das auf die endgültige Feststellung der Unwirksamkeit folgt, kann der Steuerpflichtige die Anrechnung oder Erstattung nicht mehr verlangen.
>
> (4) Werden einem Steuerpflichtigen von einer mit ihm zusammenveranlagten Person in oder nach dem Veranlagungszeitraum, für den noch Steuerrückstände bestehen, unentgeltlich Vermögensgegenstände zugewendet, so kann der Empfänger über den sich nach § 7 Abs. 3 Satz 4 ergebenden Steuerbetrag hinaus bis zur Höhe des gemeinen Werts dieser Zuwendung für die Steuerschuld in Anspruch genommen werden".[70]

---

[69] Albert Hensel, *Diritto Tributario*, Milão: Dott A. Giuffrè, Multa Paucis AG, 1956, p. 144.

[70] "(1) Através do abuso das formas e das possibilidades de adaptação do Direito Civil, a obrigação tributária não pode ser elidida ou diminuída. (2) Existindo um abuso, a obrigação tributária surge como surgiria para as formações jurídicas apropriadas dos processos, fatos e relações econômicas". (*Reichsabgabenordnung*,

Segundo Enno Becker, Ministro das Finanças do Império alemão (AO de 1919, 1931 e StAnpG de 1934), comentador da Ordenação Tributária do Império e de suas alterações, ao falar sobre a natureza da elisão tributária – que ele denomina de *missbräuchlichen Steuerumgehung* (elisão abusiva ou elisão indevida) – afirma que o problema de "contornar" ou evitar a lei não se limita ao Direito tributário. Este problema tem um significado sobressalente neste ramo do Direito, tanto que a tentativa para sua solução restou manifestada inicialmente no próprio § 5 da AO de 1919, ou seja, a primeira manifestação legislativa no Direito alemão, visando a coibir tentativas de evitar-se a lei ou abusar das suas formas, foi justamente no Direito tributário.[71]

O comentarista germânico afirma que evitar ou contornar um tributo significa organizar-se, de tal forma que o fato gerador, ao qual é ligada a lei tributária, não é realizado.[72]

Podemos observar a presença de norma cogente contra a utilização do abuso das formas e das possibilidades negociais típicas do Direito Civil, que objetivem evitar ou diminuir a obrigação tributária. Segundo o referido autor, a AO confere suma importância à determinação do fato gerador da elisão, ao abuso das formas e às configurações no âmbito civilista. Entretanto, não lhe parece clara a *ratio legis* na referida norma, porquanto impõe, indiretamente, que o problema a ser combatido pela fiscalização tributária é o da não utilização pelo contribuinte das formas jurídicas consideradas pelo legislador como típicas – em conformidade com as práticas usuais do mundo dos negócios –

---

mit Nebengesetzen. Kommentar von H. C. Enno Becker, Alfred Riewald und Carl Koch. Köln, Berlin, Bonn, München: Carl Heymanns Verlag KG, 1963, p. 663-664).

[71] "Das Problem der Gestezesumgehung beschränkt sich nicht auf das Steuerrecht. Es hat auf diesem Rechtsgebiet aber eine so überragende Bedeutung, dass die Versuche zu seiner Lösung zum erstenmal hier – in § 5 AO 1919 – einen gesetzlichen Niederschlag gefunden haben." Reichsabgabenordnung, mit Nebengesetzen. Kommentar, p. 664.

[72] "Eine Steuer umgehen heisst: sich so einrichten, dass der Tatbestand, an den das Gesetz die Steuer knüpft, nicht verwirklicht wird." *Op. cit.*, p. 664.

colimando alcançar determinados fins econômicos. Pela letra da lei alemã, o não uso das formas jurídicas normais pode conduzir ao abuso das outras possibilidades de configurações jurídicas.

Hensel explica que a incongruência entre a finalidade e a formulação literal da lei, disposta no número 1 do § 6º da StAnpG de 1934, aparece notadamente reforçada no número 2. O conceito de abuso, por sua vez, é apresentado de forma detalhada com três pressupostos objetivos: a estes deve-se acrescentar a intenção de evitar, de elidir o tributo. Assim, só existirá o abuso do número 1 se todos os pressupostos forem satisfeitos, situação esta chamada por Hensel de elisão tributária (*elusione dell'imposta*), designação que discordamos por inteiro, por considerarmos que a mesma é caso típico de abuso de formas (ato ilícito) e não de elisão tributária, situações totalmente diversas.[73]

Além do que foi exposto, a relevância do número 2 reside no fato de que a forma jurídica adotada não corresponde ao resultado perseguido. Hensel afirma que não é necessário que o negócio jurídico seja um acontecimento extraordinário, no sentido de não ser freqüente, especialmente quando esta forma de elisão é adotada freqüentemente para economizar impostos. Outrossim, clama o número 2 o alcance, por via de elisão, de uma conseqüência que, no resultado prático-econômico, é substancialmente igual àquela que seria alcançada com a utilização da forma prevista na lei tributária. Para o legislador alemão, são irrelevantes as vantagens jurídicas inerentes à via elisiva quando em confronto com as vias normais das hipóteses de incidência; quanto à intenção de evitar o tributo, se as vantagens econômicas ou extrafiscais induziram o contribuinte a percorrer a via (suposta) da elisão, não se pode aplicar o § 6.

Em se verificando a pertinência dos pressupostos do abuso das formas à prática realizada, observa-se a ocorrência de um caso de elisão (designação incompatível ao

---

[73] *Op. cit.*, p. 146.

abuso das formas, segundo nosso entendimento). Então, nascem as conseqüências jurídicas da norma antielisiva alemã: a regra elidida é aplicada ao fato gerador elidido no mesmo modo que seria aplicada se fosse realizado o fato gerador segundo previsão da hipótese de incidência.

Hensel qualifica como fato gerador substitutivo (*fattispecie surrogatoria*) do § 6 da StAnpG de 1934 o fato que é considerado para fins de aplicação da norma tributária, em se verificando a ocorrência de abuso de formas, isto é, na pertinência dos pressupostos do abuso das formas ao fato/ato, este é desconsiderado, fazendo surgir um fato gerador substitutivo, correspondente à realização do negócio nos exatos moldes da previsão legal tributária de subsunção da norma. Em análise dogmática, o autor considera o tema integrante da categoria do *agere in fraudem legis*; na elisão tributária, não se trata de transgressão de lei imperativa, situação que, nos demais campos da Ciência Jurídica, conduzem à situação de ilicitude, por desrespeito à lei. Isso decorre do fato de que nenhuma lei tributária proíbe que se alcancem resultados econômicos mais favoráveis quando há a possibilidade de se trilhar caminhos diversos daqueles previstos pelo legislador. Qualquer contribuinte é livre para escolher os meios jurídicos que lhe são dispostos para a realização dos seus negócios, almejando melhores resultados econômicos.[74] É o Princípio da Liberdade Contratual, presente na Constituição brasileira. Nem mesmo a transgressão de uma norma cogente implica, em geral, a elisão tributária: "o comando – tu deves pagar os impostos – é sempre condicionado à frase: se tu realizares a hipótese de incidência (não: se tu objetivas um determinado efeito econômico!)".[75]

Em muitos casos, nem se poderá qualificar como imoral o negócio jurídico elisivo. Primeiro, porque uma vez que o negócio jurídico que conduz à elisão não é em si imoral, poder-se-ia falar de um resultado indireto, qual seja, a economia de impostos, resultado reprovável frente ao in-

---

[74] *Idem.*, p. 147-148.
[75] *Idem*, p. 148.

teresse da coletividade. A tendência de se considerar como imoral o negócio que vise a evitar o tributo é negar uma das faces mais nobres da conquista da liberdade pelo homem: a liberdade econômica de se buscar as alternativas mais vantajosas para o seu negócio. Na verdade, seria negar a própria liberdade (*lato sensu*) do homem. Para Hensel, a elisão tributária está em clara oposição ao negócio jurídico simulado e ao negócio jurídico dissimulado, os quais são, freqüentemente e erroneamente, referidos para justificar as medidas de combate à elisão.[76]

Nem mesmo se levando em conta outros princípios gerais de Direito, conseguir-se-ia combater suficientemente a elisão tributária. Uma vez que o Direito positivado não oferece ao administrador tributário as tipificações legais para as possibilidades dos casos elisivos – o que seria inviável, segundo nosso ponto de vista – poderia utilizar-se o mesmo administrador da interpretação extensiva dos elementos das hipóteses de incidência dos diversos tributos, colimando resolver o problema da arrecadação, o que pareceria muito óbvio. Segundo H. C. Enno Becker, Presidente do Senado no Ministério das Finanças do Império Alemão (AO de 1919, 1931 e StAnpG de 1934) "a exata interpretação segundo a finalidade da lei deve fazer aparecer todo e qualquer caso de elisão como sujeito ao imposto".[77]

A constatação de Enno Becker é totalmente pertinente à filosofia e à política do império alemão da época, pautadas em concepções militares e totalmente arbitrárias, em época em que sequer se falava em garantias dos contribuintes. Em contrapartida, defende a legalidade da conduta elisiva, na medida em que é conduta através da qual não se realizam negócios jurídicos que vão de encontro a uma proibição legal, restando apenas recusado um efeito jurídico prescrito, ou seja, a isenção ou a redução do tributo frente à via normal.[78]

---

[76] *Idem*, p. 149.

[77] Reichsabgabenordnung, mit Nebengesetzen. Kommentar von H. C. Enno Becker, Alfred Riewald und Carl Koch. Köln, Berlin, Bonn, München: Carl Heymanns Verlag KG, 1963, *apud* Albert Hensel, *op. cit.*, p. 150.

[78] *Op. cit.*, p. 151.

Sendo uma via de ação legítima do contribuinte, fundada ou em disposição da própria lei ou em falta de disposição (lacuna), nada tem o contribuinte a esconder da autoridade fiscal quanto ao seu negócio. Entretanto, a ocultação da prática elisiva faz nascer a presunção de fraude fiscal, passível de rigorosa penalização.

O atual Código Tributário Alemão de 1977 (AO de 1977) disciplina o negócio simulado e o abuso de formas.[79] O teor do número 2 do § 41 é o mesmo teor do parágrafo único do art. 116 do Código Tributário Brasileiro, com exceção da parte deste último concernente à menção a um procedimento administrativo fiscal de desconsideração do negócio simulado. Vejamos:

"§ 41 – Negócios Jurídicos Ineficazes

(1) ...

(2) São irrelevantes para os fins da tributação os negócios e atos simulados. Se por meio de um negócio simulado se encobre outro negócio, leva-se em conta para fins da tributação o negócio encoberto.

Art. 116. Salvo disposição de lei em contrário, considera-se ocorrido o fato gerador e existentes os seus efeitos:

I – tratando-se de situação de fato, desde o momento em que se verifiquem as circunstâncias materiais necessárias a que produza os efeitos que normalmente lhe são próprios;

II – tratando-se da situação jurídica, desde o momento em que esteja definitivamente constituída, nos termos de direito aplicável.

Parágrafo único. A autoridade administrativa poderá desconsiderar atos ou negócios jurídicos praticados com a finalidade de dissimular a ocorrência do fato gerador do tributo ou a natureza dos elementos constitutivos da obrigação tributária, observados os procedimentos a serem estabelecidos em lei ordinária".[80]

---

[79] *Novo Código Tributário Alemão*, Rio-São Paulo: 1978, Cia. Editora Forense – Instituto Brasileiro de Direito Tributário, p. 17.

[80] Parágrafo único acrescentado pela Lei Complementar nº 104, de 10 de janeiro de 2001.

Na verdade, a norma brasileira tem caráter mais procedimental do que a alemã, posto que outorgou ao fiscal tributário a atribuição de observação, análise e aplicação de "lançamento de desconsideração" ao negócio dissimulado, norteado em procedimento a ser estabelecido em lei ordinária. A norma alemã, por sua vez, afirma sobre a irrelevância dos negócios simulados frente ao Direito Tributário, e deixa de forma implícita a possibilidade conferida ao administrador tributário para desmerecer o negócio simulado e "levar em conta" o negócio que foi encoberto.

Já o § 42 da AO de 1977, que trata do abuso das formas jurídicas, elevou o negócio jurídico abusivo na utilização da forma civil à categoria de meio de fraude à lei. A finalidade da segunda parte da norma é a mesma da finalidade da norma geral antielisiva brasileira, porquanto impõe a incidência do tributo para a situação econômica tal qual deveria ter ocorrido nos moldes previstos na hipótese de incidência legal.[81]

A interpretação econômica é técnica de interpretação do Direito tributário argentino, por exigência da própria lei tributária. Héctor Villegas afirma que, para se interpretar a lei tributária, exige-se que se atenda a sua significação econômica. Considera o conceito confuso e redundante. Identifica como primeiro problema a variabilidade dos conceitos dentro das ciências econômicas ao longo do tempo, o que dificulta a subordinação de seus significados à técnica adotada pela legislação. Acrescenta que muitas terminologias e expressões são pertinentes à ciência jurídica e não têm qualquer sentido do ponto de vista econômico.[82]

De fato, a significação econômica existe para que seja assegurada a transferência de riqueza do cidadão para o Estado para que este cumpra seu dever de satisfazer as

---

[81] "§ 42 – Abuso de Formas Jurídicas – A lei tributária não pode ser fraudada através do abuso de formas jurídicas. Sempre que ocorrer abuso, a pretensão do imposto surgirá, como se para os fenômenos econômicos tivesse sido adotada a forma jurídica adequada."

[82] Héctor B. Villegas, *Curso de Finanzas, Derecho Financiero y Tributario*, Buenos Aires: Ediciones Depalma, 1999, p. 148-149.

necessidades públicas. Entretanto, dentre essas necessidades está a de respeitar a propriedade privada, a liberdade, a igualdade e a segurança jurídica, e todas as demais garantias previstas na Constituição. Por sua vez, é finalidade da Ciência jurídica como um todo a proteção dessas garantias.

Héctor Villegas também reconhece a origem da interpretação econômica com a Ordenação Tributária do Império (*Reichsabgabenordnung*), de 1919. Para ele, foi uma reação contra uma conjuntura de impotência dos tribunais fiscais, que se viam impedidos de aplicar as penalidades cabíveis para as respectivas infrações, visto que a base da imposição estava atrelada unicamente aos elementos do Direito Civil. Tal situação foi solucionada na época através de Enno Becker, que introduziu a fórmula no art. 4º do ordenamento.[83] Conta que a fórmula do jurista alemão foi acolhida na França, na Itália e na Suíça, entre outros países, tendo começado a ter vigência na Argentina em 1947, com as modificações na Lei nº 11.683 e no Código Fiscal de Buenos Aires, de 1948, este inspirado no trabalho de Dino Jarach.

A interpretação econômica é uma necessidade surgida a partir das diferentes possibilidades dos atos e negócios jurídicos postos à disposição dos particulares, segundo o autor. Existem circunstâncias que são criadas pelas próprias partes, dentro do que lhes faculta e oferece a legislação, conferindo-lhes liberdade de agir dentro de certos limites, colimando atingir o mesmo fim. Cita o exemplo da exploração de um campo, cuja remuneração pode dar-se mediante contrato de sociedade ou contrato de parceria rural.[84]

Crítica deve ser feita ao posicionamento de Amílcar de Araújo Falcão, acerca da viabilidade de aplicação da interpretação econômica nos moldes da RAO de 1919. Defende

---

[83] "En la interpretación de las leyes tributarias debe tenerse en cuenta su finalidad, su significado económico y el desarrollo de las circunstancias." *Op. cit.*, p. 170.
[84] *Op. cit.*, p. 171.

Planejamento Tributário e Interpretação Econômica

que na atividade de interpretação da lei tributária, o enquadramento do caso concreto à hipótese de incidência não se pode satisfazer tão-somente pela literalidade do texto legislativo, mas sim, sem menos importância, atendendo ao seu espírito, a *mens* ou a *ratio legis*. Para tanto, justifica que a ocorrência do tão combatido abuso de formas da norma alemã (*Durch Missbrauch von Formen und Gestaltungsmöglichkeiten des bürgerlichen Rechts kann die Steuerpflicht nicht umgangen oder gemindert werden*) dá-se pelo descompasso entre a intenção de fato e a manifestação jurídica dessa intenção, almejando não pagar ou pagar menos a exação correspondente à forma econômica realmente desejada e não manifestada. Confunde o respeitável jurista o cerne vital da diferenciação entre o conceito de evasão e de elisão, porquanto considera tal descompasso como prática evasiva, mesmo quando não proibida pelo Direito privado. Além disso, traduz de forma não muito condizente a nossa análise o que vem a ser a *Steuerumgehung* dos alemães, porquanto a considera como evasão do tributo, enquanto nos posicionamos no sentido de que a *Steuerumgehung* tem a denotação de "evitar, dar a volta, contornar o tributo", que implica – a nosso ver – a conotação de elisão, visto que em se evitando ou contornando a hipótese de incidência do tributo, não ocorre o fato gerador; logo, não nasce a obrigação tributária. Nesta seqüência lógica e racional, não se cogita de ocorrência de evasão, porquanto esta é fruto de ilicitude, de não-cumprimento de obrigação tributária existente, válida e eficaz.[85]

Em um caso entre a Universidade de Illinois e os Estados Unidos, a corte norte-americana decidiu por sujeitar a Universidade a impostos alfandegários toda vez que adquirisse, mediante importação, mercadorias para seu uso próprio, sob o fundamento de que o Estado e suas "instrumentalidades" não poderiam efetuar importações de bens para uso próprio sem se sujeitar às normas expedidas pelo Congresso, sob pena de prejudicar a dinâmica do

---

[85] Amílcar de Araújo Falcão, *op. cit.*, p. 162.

comércio exterior, pautada na Constituição como um de seus fundamentos primordiais.[86] A discussão foi gerada em torno da pertinência ou não do caso à situação de imunidade, cuja solução, no parecer de Aliomar Baleeiro, tem seu foco na pesquisa da destinação da mercadoria importada. Se a mesma tiver como destino uma determinada utilidade que seja específica do serviço público – como materiais diversos para os equipamentos dos laboratórios das faculdades – ou seu emprego específico no próprio serviço público, então o caso se enquadraria na imunidade. Todavia, caso fosse destinada para venda a particular, estaria sujeita à tributação. O referido autor posiciona-se no sentido de que a *ratio legis* recomenda que se perquiram os efeitos econômicos dos impostos em cada caso.

3.3.1. A Doutrina de Klaus Tipke

Dentro da previsão da legislação tributária alemã para a interpretação econômica, Klaus Tipke afirma que, sob o manto da interpretação econômica, não raras vezes, resta compreendida a consideração da intenção econômica, através da interpretação das leis tributárias. Entretanto, a designação de interpretação econômica como a maneira a ser utilizada para a consideração econômica encobre o que realmente se trata, qual seja, um processo teleológico normal. Para ele, a consideração econômica do Direito tributário não é contra ou a favor de um modo de consideração jurídico, mas sim a concreta e específica interpretação tributária e tributário-teleológica, qual seja, a compreensão da capacidade econômica dessa forma de consideração.[87]

A análise de consideração econômica reage contra as formas jurídicas do Direito Civil que possibilitam a econo-

---

[86] University of Illinois *vs.* U.S. 289 (1933) 48 e 59. In: Aliomar Baleeiro, *Limitações Constitucionais ao Poder de Tributar*, 5ª ed., Rio de Janeiro: Forense, 1977, p. 122.

[87] Tipke, Klaus. *Steuerrecht*, 15., völlig überarb. Aufl., Köln: O. Schmidt, 1996, p. 153.

mia de tributos. Para Tipke, *ius civile scriptum est vigilantibus* não vale para o Direito Tributário.

Ao analisar o § 41 da *Abgabenordnung*, constatamos a previsão da interpretação econômica por meio da divergência entre o comportamento econômico – que aqui melhor entendemos como a intenção econômica – e o resultado jurídico, ou seja, a forma final do negócio realizado. O conflito insere-se justamente na dificuldade de distinguir entre a forma e o conteúdo, entre o "invólucro exterior e a substância verdadeira" dos negócios jurídicos, o que proporciona negócios jurídicos ineficazes e ilusórios, que não foram efetivamente realizados. Para Tipke, a forma da consideração econômica é o reflexo da ligação da tributação à capacidade econômica.

Mesmo assim, os negócios jurídicos ineficazes ensejam efeitos tributários, à medida que os agentes desses negócios – apesar da ineficácia, provocam efeitos econômicos – realizam-nos e, dessa forma, influenciam a capacidade econômica. Para ilustrar, a celebração de negócios jurídicos, que por causa de infrações contra uma proibição legal (§ 134 BGB), ou por causa de infrações contra os bons costumes (§ 138 I BGB), são nulos. Por sua vez, o § 41, I, 1, da AO, busca, através dos negócios ineficazes realizados, alcançar o resultado econômico. A realização fática dos negócios jurídicos influencia efetivamente a capacidade econômica dos seus agentes. Entretanto, "o negócio jurídico não é desde o início ineficaz, mas sim se torna posteriormente ineficaz, seja através de impugnação, transformação, redução, falta do fundamento do negócio ou outros negócios jurídicos, que apresentem efeitos concretos e efetivos. Então vale, igualmente, o caráter econômico".[88]

Já que os atos e os negócios jurídicos aparentes ou fictícios não ensejam efeitos econômicos ou reais e já que não são realizados efetivamente, são desconsiderados sob o ponto de vista tributário. Entretanto, o negócio jurídico ocultado pelo negócio aparente ou fictício é relevante para

---

[88] Idem, p. 154.

a tributação, conforme § 41, II, 2, da AO. O § 42 da AO, por sua vez, dispõe que a lei tributária não pode ser evitada por abuso das possibilidades de formas previstas pelo Direito.[89]

3.4. EVASÃO TRIBUTÁRIA

3.4.1. Conceito

Alfredo Augusto Becker prelecionava sobre o impulso e a aspiração natural do ser humano em evitar a constrição de seu patrimônio, algo intrínseco a sua natureza. Sempre se buscou resultado econômico mais vantajoso, trazendo menores despesas. O indivíduo, dentro de sua liberdade de ação e de omissão, limitado pela legislação, ampara-se nos princípios e garantias fundamentais constitucionais – normas de hierarquia superior – para nortear seu negócio, almejando conduzi-lo da forma menos onerosa, inclusive tributariamente.[90] Esta posição do autor encontra sustento na doutrina de Albert Hensel, que expunha nessa linha desde o início do século XX.[91]

A doutrina francesa também manifesta-se no mesmo sentido. Gaston Jèze fala sobre a evasão legítima de impostos – elisão, analisada no próximo ponto – traduzida no princípio fundamental segundo o qual os contribuintes são livres para organizar seus negócios, seu destino, seu modo de vida, de maneira a pagar menos impostos ou não pagar qualquer imposto, desde que não violem nenhuma regra legal.[92]

---

[89] § 42 AO – " *Durch Missbrauch von Gestaltungsmöglichkeiten des Rechts kann das Steuergesetz nicht umgangen werden.*" Tipke, Klaus. *Op. cit.*, p. 157.

[90] *Teoria Geral do Direito Tributário*, São Paulo: Lejus, 1998, p. 136.

[91] *Diritto Tributario*, Milano, 1956 (trad. Italiana da 3ª ed. Alemã de 1933), p. 143, *apud* Afredo Augusto Becker, *op. cit.*, p. 136.

[92] "L'évasion legitime d'impôt se traduit par un príncipe fondamental en matiere fiscale: les contribuants ont le droit d'arranger leurs affaires, leur fortune, leur genre de vie, de maniere à payer les impôts les moins élèves ou à ne payer aucun impôt, pourvu qu'ils ne violent aucune régle légale" (*Cours de Finances Publiques*, ed. 1936-37, p. 83, *apud* Alfredo Augusto Becker, *op. cit.*, p. 136).

Planejamento Tributário e Interpretação Econômica

Em sentido amplo, evasão tributária significa "toda ação ou omissão tendente a elidir, reduzir ou retardar o cumprimento de obrigação tributária".[93] O signo "evasão" procede do latim (*evasione*) e implica o ato de evadir-se, de fugir. É também um subterfúgio, um impulso manifestado por certos doentes (neuróticos ou psicóticos) de fugir, pela imaginação, pelo devaneio etc., ao real, ao qual não conseguem adaptar-se ou, ainda, uma forma de escapismo.[94]

O alvo principal da evasão é sempre uma receita de natureza tributária. Assim, todo sujeito, enquadrado no dever de satisfação de obrigação tributária, que age ou que se omite quanto à conduta adequada à hipótese de incidência do tributo, provoca uma supressão, uma diminuição ou um adiamento de uma entrada financeira a uma pessoa jurídica de direito público. Para James Marins, a conduta evasiva implica a utilização de comportamentos proibidos pelo ordenamento, colimando diminuir, deixar de pagar ou retardar o pagamento do tributo. É a economia ilícita ou fraudulenta de tributos, porquanto se utiliza de práticas proibidas pela ordem tributária ou de práticas tidas como fraudulentas.[95]

Cumpre a ressalva para a distinção que deve ser feita entre a prática tributária enquadrada como ilícita, fraudulenta, e a prática prevista em tipificação penal tributária. A primeira é a que fere, transgride disposição legal tributária, sem que haja cominação de penalidade que importe cerceamento ou restrição de liberdade do responsável tributário; a segunda é a prática enquadrada em tipificação penal tributária da Lei 8.137/90, isto é, a prática de crime de sonegação fiscal. Entre as previsões da legislação referida, podemos elencar a supressão ou redução de tributo por meio de supressão de informações ou por meio do

---

[93] Antônio Roberto Sampaio Dória, *Elisão e Evasão tributária*, São Paulo: José Bushatsky Editor, 2ª ed., 1977, p. 21.

[94] Encyclopaedia Britannica do Brasil, *Dicionário Brasileiro da Língua Portuguesa*, São Paulo: Encyclopaedia Britannica do Brasil Publicações Ltda., 9ª ed., 1987, p. 765.

[95] Op. cit., p. 30.

fornecimento de informações falsas, inserção de dados falsos ou inexatos em documentos e livros contábeis, falsificação ou alteração de dados em notas fiscais ou a simples negação em emiti-los.

A inadimplência fiscal, por seu turno, não pode ser considerada prática de evasão tributária. A inadimplência ocorre no âmbito meramente administrativo, que importa o não-recolhimento aos cofres da Fazenda Pública do numerário apurado quando da constituição do crédito tributário através do ato administrativo do lançamento. A conseqüência é a inscrição do valor principal, corrigido e acrescido das penalidades pecuniárias pertinentes em dívida ativa, com a posterior extração de certidão de dívida ativa (CDA), título executivo extrajudicial objeto da execução fiscal, nos moldes da Lei 6.830/80. Exceção há de ser feita para os crimes de apropriação indébita[96] e de apropriação indébita previdenciária.[97]

3.4.2. Etiologia

A evasão é fenômeno indissociável de todos os sistemas tributários, inclusive daqueles dos países mais desenvolvidos. A ânsia de fugir do Estado repressivo e fiscalizador remonta à Antigüidade, onde desde os integrantes de estrato social mais baixo até os de mais elevado faziam o que podiam para evitar a visita do fiscal tributário, do arrecadador de impostos. No antigo Egito, onde a arrecadação de tributos geralmente tinha uma única dotação, um único destino – qual seja, alargar o patrimônio do faraó, tido como deus vivo na terra, ou construir palácios e pirâmides – as formas de evasão tributária muitas vezes incluíam até mesmo o suicídio do contribuinte, desesperado por não ter encontrado outra forma de evitar o pagamento do tributo.

Interessante observar que em alguns países desenvolvidos, onde a prestação dos serviços públicos ao cidadão é exemplar, ocorre também este fenômeno. Na Alemanha,

---

[96] Art. 2°, II, da Lei 8.137/90.
[97] Art. 168-A do Código Penal.

v.g., onde a alíquota do imposto sobre a renda e proventos de qualquer natureza beira os 50%, o contribuinte alemão "tem prazer" de pagar este imposto, dentre outros aos quais também está sujeito. Pode parecer um exagero ou uma falácia afirmar que o pagamento de um tributo é prazeiroso. Entretanto, a conotação do ato envolvido realmente é esta, porquanto o retorno, a contraprestação por parte do ente público, é condizente e mais do que satisfatória da demanda pelas necessidades da sociedade. Mesmo assim, sempre que o contribuinte alemão vislumbra a possibilidade de pagar menos, ele aproveita-se dessa situação.

Jacob Wackernagel assevera que a evasão tributária é uma espécie de fraude à lei, a que a praxe deu uma importância especial (*Steuerumgehung ist der Unterfall der Gesetzesumgehung, dem in der Praxis eine besonders grosse Bedeutung zukommt*).[98] Para Amílcar Falcão, a única diferença entre o *in fraudem legis agere (Gesetzesumgehung)* do Direito privado e a sua modalidade especial de Direito Tributário – a evasão *(Steuerumgehung)* – está na forma de combate à evasão, que se dá através da aplicação da interpretação econômica *(wirtschaftliche Betrachtungsweise in der Auslegung der Steuergesetze)*. Wackernagel ainda ilustra pronunciamento do Superior Tribunal Administrativo da Prússia, em 25 de janeiro de 1906, a favor da diferenciação e, assim, da existência possível de uma economia de impostos *(Steuereinsparung)* frente à evasão, conforme se verifica:

> "(...) dass niemand verpflichtet sei, sein Vermögen so zu verwalten oder seine Ertragsquellen so zu bewirtschaften, dass dem Staate daraus möglichst hohe Steuern zufliessen".[99]

Da mesma forma já se manifestou Lerouge:

---

98 Jacob Wackernagel, *Die Steuerumgehung und ihre Verhütung*, 1949, p. 29, *apud* Amílcar Falcão, *op. cit.*, p. 163.
99 "(...) que ninguém está obrigado a administrar sua fortuna e suas fontes de renda de tal forma a propiciar ao Estado o máximo de arrecadação de tributos." Jacob Wackernagel, *op. cit.*, p. 38, *apud* Amílcar Falcão, *op. cit.*, p. 164.

"Chacun peut aménager son patrimoine ou ses intérêts de telle façon, que l'impôt ait le moins de prise possible. Le devoir moral, non plus que le devoir civique, ne va pas en effet jusqu'à s'obbliger à prendre la voie la plus profitable au Trésor".[100]

Por vezes, deparamo-nos com doutrinadores preocupados com os aspectos morais do fenômeno da evasão, em especial com o intuito de modificar a mentalidade dos contribuintes. Antonio Uckmar, Professor da Universidade de Gênova no início do século passado, refere-se com entusiasmo sobre um artigo publicado pelo Professor De Francisci Gerbino, no ano de 1928, onde este louva todas as normas da época que combatem a evasão tributária, refletindo sobre a validade das penas impostas aos infratores da legislação tributária e sobre o âmbito ético da ação do contribuinte.[101]

Sobretudo, não são eficientes as penas aplicadas aos praticantes da evasão, o que inclui a pena privativa de liberdade. Nesta senda, clamam os professores italianos pela reforma de consciência dos contribuintes, no intuito de efetivar profícuo trabalho de retomada do caráter nacionalista de cada cidadão, demonstrando-lhe que é um dever sacrossanto, ou seja, inviolável, corresponder à obrigação tributária, ao mesmo tempo em que burlar a norma tributária e não recolher o tributo devido é um delito mais grave do que a subtração ou um dano ao patrimônio de um particular qualquer. Visando a dirimir a problemática posta, alguns tributaristas e consultores da década de 30 na Itália fundaram L'Associazione Nazionale Consulenti Tributari, no intuito de orientar os contribuintes no trato de suas relações negociais empresariais e particulares, mormente colimando evitar a evasão e,

---

[100] Cada um pode organizar seu patrimônio ou seus interesses de tal maneira que o imposto será o menor possível. O dever moral, não mais que o dever civil, não irá, na verdade, obrigar a escolher a via mais vantajosa ao Fisco. Lerouge, *Théorie de la fraude en droit fiscal*, 1944, p. 103, *apud* Amílcar Falcão, *op. cit.*, p. 164.

[101] Antonio Uckmar, *Scritti Vari di Diritto Tributário*, Padova: Casa Editrice Dott. Antonio Milani, 1932, V. 4, p. 63-64.

sempre que possível – nos moldes expressamente permitidos pela Lei ou aproveitando as brechas deixadas – pagar uma quantidade menor do tributo devido, ou ainda alcançar a isenção absoluta. Tal associação detinha grande prestígio, mormente porquanto apresentava em seu corpo de associados somente profissionais de ilibada reputação e comprovada e notada capacidade técnica, tendo dentre seus fins – em nada obstante aqueles científicos – também o de vigilância dos atos de seus próprios associados e seus consultores em geral, buscando, em última análise, eliminar os elementos danosos ao Fisco e à dignidade da classe, amparados pelo Decreto n° 1875, de 17 de outubro de 1925, que legitimava e disciplinava a atividade dos fiscais das "Agências Financeiras", em especial para excluir do trabalho de consulta tributária, prestado àqueles associados que agiam de encontro aos interesses do Fisco.[102]

Verdade seja dita que o Professor Uckmar é dotado da mais nobre lucidez ao refletir sobre as vias mais eficientes para modificar ou, melhor, para refazer, reconstruir a mentalidade do contribuinte, ao ponto de fazê-lo compreender a verdadeira função do tributo na sociedade e pagar o que for devido, de forma consciente e dignificante. Tais vias reformadoras consubstanciam-se no sentimento de certeza que o contribuinte possa vir a ter de fazer valer seus direitos, aliado ao momento em que a legislação fiscal não tão complexa e caótica, de modo que o cidadão (e aqui entra o ponto crucial do elemento modificador da mentalidade) saiba com precisão quanto deve ao Estado. O elemento quantificador e qualificador do tributo pode ser resumido em simples lógica: poucos tributos, mas bem definidos e assegurados, com reduzidas alíquotas, distribuídos eqüitativamente e proporcionalmente à capacidade contributiva dos particulares.[103]

Enfim, sempre houve e sempre haverá razões diversas, lacunas e tentativas de fugir à gênese da evasão tributária, isto é, *resistir à contração compulsória do patrimônio par-*

---

[102] Idem, p. 64.
[103] Idem, p. 64-65.

ticular.[104] E é justamente a gênese da evasão tributária a mola propulsora e a desencadeadora dos alicerces dos sistemas tributários contemporâneos ocidentais, pautados em postulados, princípios e regras, que manifestam as limitações ao poder de tributar e proporcionam as garantias do contribuinte.

Os padrões acolhidos nas economias de diversos países capitalistas sempre foram pautados no princípio da maximização de lucros e minimização de custos, o que inclui, indubitavelmente, as obrigações com o Fisco. A evasão, por seu turno, sempre foi aliada do contribuinte como prática tendente a reduzir ou evitar a apropriação da renda e dos frutos da produção. Em verdade, em reflexão mais genérica, podemos observar que nem mesmo os padrões éticos ou morais das pessoas são capazes de impedi-las de minimizar suas despesas tributárias, sempre que possível uma alternativa lícita ou não proibida por lei.

3.4.3. Espécies

Antônio Roberto Sampaio Dória elaborou o seguinte esquema para a visualização da distinção das espécies de evasão:[105]

a) Evasão Omissiva (intencional ou não):

a.1. Evasão Imprópria (abstenção de incidência, transferência econômica)

a.2. Evasão por Inação:

a.2.1. Intencional (sonegação, falta ou atraso de recolhimento)

a.2.2. Não-Intencional (ignorância do dever fiscal)

b) Evasão Comissiva (sempre intencional):

b.1. Ilícita (fraude, simulação, conluio)

b.2. Lícita ou Legítima (evasão *stricto sensu*, elisão ou economia fiscal)

---

[104] Antônio Roberto Sampaio Dória, op. cit., p. 24.
[105] Op. cit., p. 32.

3.4.3.1. Evasão Imprópria e Evasão por Inação

Segundo Sampaio Dória, a evasão imprópria e a evasão por inação são espécies de evasão que não trazem prejuízos à receita tributária, salvo os casos de sonegação. Autores há como Aliomar Baleeiro que as definem como a abstenção do sujeito de praticar certos atos tributáveis ou de situar-se em posição de hipótese de incidência, de que decorrem obrigações tributárias previstas na lei.[106]

A causa evidente da evasão imprópria são as tributações excessivas. Conseqüentemente, observam-se práticas, ou melhor, abstenções de certos atos tributáveis, tais como: importação de mercadorias com alíquota de imposto de importação elevada, compra de bens como cigarro e bebidas alcoólicas, sabidamente altamente carregadas de tributos, alienação de imóveis, estagnação ou diminuição de produção ou de renda maciçamente absorvidas pelos tributos respectivos, mudança de domicílio fiscal e migração de capitais.

A referida "abstenção de incidência" é pertinente à conduta omissiva do contribuinte que deseja escapar da tributação. Na verdade, dois são os fins do contribuinte: (a) atingir um resultado econômico mais vantajoso para si, isto é, menos ou nada oneroso e (b) evitar o ônus fiscal atribuível ao ato/fato imponível. Diversamente do que ocorre na elisão, na evasão imprópria o sujeito deixa de praticar qualquer ato, ou seja, ele sequer tenta utilizar-se das formas previstas no Direito Civil para a consecução de seus objetivos, porquanto ele simplesmente não os realiza. Destarte, não há qualquer infração à norma tributária, pois não há simulação, dissimulação, sonegação ou ausência de recolhimento do tributo, uma vez que não há fato gerador. É questão pertinente ao âmbito da Política Fiscal, através da qual incumbe aos Poderes Executivo e Legislativo investigar as razões de tais comportamentos do contribuinte.

---

[106] Aliomar Baleeiro, *Uma Introdução à Ciência das Finanças*, 2ª ed., Rio de Janeiro, 1958, vol. I, p. 216, *apud* Antônio Roberto Sampaio Dória, op. cit., p. 33.

Por outro lado, também inclui-se na evasão imprópria a transferência econômica do ônus fiscal. É o fenômeno que ocorre quando há a transferência do ônus do contribuinte *de jure* para o contribuinte *de facto*, comumente visto em situações de amortização ou absorção de tributos, geralmente no caso de impostos indiretos. Em verdade, não há qualquer lesão aos cofres fazendários, porquanto não há frustração do fato gerador ou do recolhimento do tributo. Outrossim, muda-se apenas o sujeito passivo da obrigação tributária, em virtude, *e.g.*, do mecanismo de preços ou de estipulação contratual.

Já as evasões resultantes da "inação do devedor" são posteriores à ocorrência do fato gerador. Assim, provocam evidentes lesões aos cofres públicos. Podem ocorrer de forma não intencional, por mero desconhecimento do contribuinte quanto ao seu enquadramento no pólo passivo da obrigação ou, simplesmente, por ignorância legislativa. Quando ocorrem de forma intencional, materializam-se sob o crime de sonegação ou simplesmente com o atraso ou a falta de recolhimento do tributo, situações em que, por força da conduta voluntária e consciente, recebem penalidades mais rigorosas. Ainda podemos citar como causa para a referida modalidade a inércia do contribuinte em fornecer à administração fazendária os elementos fáticos que possibilitam o lançamento do tributo.[107]

3.4.3.2. Evasão Ilícita e Evasão Lícita

A evasão ilícita é conduta ativa, voluntária e consciente do sujeito, com o escopo de escapar do ônus fiscal, seja eliminando-o, retardando-o ou reduzindo-o, através de meios ilícitos.[108] Se a conduta é preventiva, através de

---

[107] Antônio Roberto Sampaio Dória, *op. cit.*, p. 37. São elencados pelo autor declarações de renda, de movimentação econômica, títulos de propriedade, contratos de locação imobiliária e guias de recolhimento de tributos.

[108] Idem, p. 37-38. Este autor prefere enquadrar a sonegação dentro da omissão, e a fraude, dentro da ação por força da periculosidade e do tratamento penal dispensado a cada uma dessas figuras, conforme segue: "A justificativa dessa classificação reside em que preferimos dar ênfase ao aspecto ação (fraude) e omissão (sonegação), pelas evidentes gradações de periculosidade e conseqüente

processos lícitos, tendentes a afastar, reduzir ou retardar a ocorrência do fato gerador, a evasão é lícita ou legítima.

A primeira modalidade encerra a conduta em que o contribuinte se vale de artifício doloso para distorcer o fato gerador resultante da hipótese de incidência legal, isto é, atinge-se o objetivo econômico, mas de forma diversa da prevista na lei tributária. Na verdade, este artifício doloso, para caracterizar a evasão ilícita, deve ocorrer durante a exteriorização da hipótese de incidência ou após a mesma, com a ocorrência do fato gerador, sempre de forma contrária à lei. A segunda modalidade, que o autor melhor denomina como elisão ou economia fiscal, o agente busca fugir da norma tributária através de meios lícitos, ou seja, através de opções ou alternativas que a própria legislação o oferece, bem como utilizando-se de regimes tributários diversos e das próprias lacunas da lei.

3.4.3.3. Fraude Fiscal

Para Antônio Roberto Sampaio Dória, são três as espécies de fraude fiscal, a saber:[109]

a) Fraude propriamente dita, consistente na evasão, por meios ilícitos, de tributo efetivamente devido;

b) Simulação fiscal, consistente na evasão, por processos aparentemente lícitos, de tributo efetivamente devido;

c) Conluio fiscal, consistente na concretização de qualquer modalidade de fraude fiscal mediante o ajuste doloso de duas ou mais pessoas.

---

tratamento penal diverso que cada uma enseja, e especialmente porque se permitiria uma nítida distinção entre meios ilícitos e lícitos que distinguem a fraude e sonegação, de vez que, em ambas, os fins são idênticos. A alteração seria a de subordinar a sonegação como espécie da fraude e de ter de admitir, por via de conseqüência, que a fraude *lato sensu* se realizasse por processos lícitos e ilícitos, nivelando-se duas situações tão diversas. Certo que a lei federal n° 4.502, de 30.11.1964, art. 72, adota conceito um tanto difuso de fraude fiscal, equiparando-a a toda ação ou omissão dolosa tendente a impedir ou retardar a ocorrência do fato gerador, o que poderia conduzir à conclusão de ser ilegítima, *a priori*, a própria elisão tributária, conforme delineada neste trabalho. No entanto, parece-nos que o qualificativo 'doloso' adjacente às expressões 'ação ou omissão' é suficiente para invalidar a referida conclusão."

[109] *Op. cit.*, p. 40.

As figuras da fraude e da simulação impõem meios ilícitos. Na primeira, a exteriorização formal da ilicitude é clara e manifesta, enquanto na segunda são aparentemente lícitos, em face dos processos utilizados pelo contribuinte para transmudar o fato imponível pela regra tributária.

3.5. ELISÃO TRIBUTÁRIA

3.5.1. Terminologia

Diferentes são as denominações utilizadas para a elisão tributária, entre elas o próprio nexo "evasão", "evasão lícita ou legítima ou legal", "fraude lícita ou legal", "economia fiscal", "negócio fiscalmente menos oneroso", "evasão permitida ou organizada pela lei", "transação tributariamente favorecida", etc.[110]

Os franceses chamam-na de "l'évasion organisée par la loi", ou ainda de "fraude légale", aquela em que o legislador recorre a métodos de avaliação e gradação da matéria objeto da tributação, como os crimes tributários, cuja aproximação conduz a uma depreciação ou diminuição da matéria sujeita ao imposto.[111] Gilbert Tixier e Guy Gest citam os benefícios agrícolas na França, criticando o legislador que, em vez de isentar o contribuinte produtor agrícola por meio da evasão que é organizada pelo próprio instrumento legal, termina por aprisioná-lo dentro do procedimento que lhe é oferecido, uma "prisão" cujas chaves estão sob a posse do próprio legislador.[112]

---

[110] Idem, p. 44.

[111] "L' évasion est dite 'organisée par la loi' – on parle également de fraude légale – lorsque le législateur recourt à des méthodes d'évaluation de la matière imposable, comme le forfait, dont l'approximation conduit à une sous-évaluation menifeste de la matière imposable." Gilbert Tixier et Guy Gest, *Droit Fiscal*, Paris: Librairie Générale de Droit et de Jurisprudence, 1976, p. 244.

[112] "Il y a évasion fiscale à cause du caractère détourné et cauteleux du procédé; au lieu de libérer lê contribuable, le législateur finit de l'emprisonner, mais em lui donnant les clefs de la prison." Idem, p. 244.

Planejamento Tributário e Interpretação Econômica

Acompanhamos o posicionamento de Antônio Roberto Sampaio Dória no sentido de que os termos "evasão" e "fraude" são inadequados para designar o fenômeno da elisão tributária. A palavra "evasão", na sua acepção semântica, já vem dotada de conotação negativa, atrelada à idéia de "fuga ardilosa, dissimulada, sinuosa, furtiva, ilícita, a um dever ou obrigação".[113] Destarte, ilógica a qualificação em lícita e ilícita de um signo que já traz na sua gênese o condão de ser ilícito, dissimulado, mascarado.

Mais adequada parece-nos a adaptação dos nexos "fraude" e "evasão" para as ações tendentes a evitar, reduzir ou atrasar o pagamento do tributo – já devido, pela ocorrência do fato gerador – e dos nexos "elisão" e "economia fiscal" para as ações tendentes a evitar, reduzir ou postergar a ocorrência do fato gerador.

Héctor Villegas defende a idéia de que não há a chamada evasão legal de tributos, posto que assim como no Direito penal "evasão" é a fuga de quem está privado de sua liberdade; no Direito tributário, evadir é eximir-se do pagamento de um tributo que legalmente se deve.[114]

3.5.2. Metodologia e Estrutura

A prática de um ato enquadrável como elisivo assume feições econômica e jurídica bem claras. Dentro de um ideal de minimizar custos e maximizar ganhos, o contribuinte busca o melhor aproveitamento econômico antes, durante e depois dos atos jurídicos de que participa, seja na esfera comercial, civil, trabalhista e fiscal. De forma mais ou menos exteriorizada, seus atos colimam sempre evitar, minimizar ou retardar o cerceamento ou a constrição de seu patrimônio, impostos pelo Estado arrecadador, atitude de reflexos imediatos na economia. Os instrumen-

---

[113] Idem, p. 45. Diz ainda o autor: "O étimo latino *evadere* admitia duplicidade de significados, como se pode colher no clássico Saraiva: *evadere e manibus hostium* (TITO LÍVIO); *evadere e custodia* (QUInTILIANO); *evadere in ardua* (T. LÍVIO); *Nec spatium evasit totum* (VIRGÍLIO); *evadere amnen* (TÁCITO); *evadere poenam* (PLÍNIO, o moço); *evadere ex judicio* (CÍCERO), entre outros."

[114] *Op. cit.*, p. 383.

tos, indispensáveis à consecução de seus objetivos, são dispostos pela legislação, o que traduz a nítida feição jurídica da prática elisiva, ou pelo fato de que o contribuinte realiza seu planejamento, sua ação, mediante prévio estudo do impacto da incidência da regra tributária e seus respectivos efeitos.[115]

Em nada obstante a feição econômica exposta para o fenômeno da elisão, intrínseca está a feição ética pertinente à conduta, voluntária e consciente do contribuinte. O resultado pragmático das manifestações da ética dos contribuintes parece estar generalizado no atual contexto econômico do nosso país, atrelado à excessiva carga tributária de quase 40% do PIB. Parece-nos que os empresários que ousarem seguir à risca toda legislação tributária, atendendo ao compromisso fiscal dentro do rigor previsto, estão necessariamente comprometidos com a estagnação de sua produção, quando não comprometidos com a própria subsistência de sua atividade, obrigando-se a despedir funcionários e a trabalhar exaustivamente apenas para cobrir custos junto a fornecedores e ao Fisco. As sociedades empresárias adeptas à sonegação e à fraude fiscal apenas postergam o cumprimento da obrigação tributária, geralmente realizável em situação já falimentar. Os administradores, por sua vez, ainda têm de defender-se das imputações dos crimes contra a ordem econômica e financeira.

Entretanto, de maneira alguma podemos aceitar seja a interpretação nos moldes econômico e ético sobrepujada

---

[115] Alberto P. Xavier afirma: "Todos os aludidos comportamentos (deixar de fumar e utilizar o meio jurídico mais favorecido fiscalmente para atingir equivalente resultado econômico) revestem uma dupla natureza, econômica e jurídica. São econômicos enquanto exprimem um problema de opção racional em função de critérios de custo e utilidade; assumem relevância jurídica, ou porque se traduzem na prática de atos jurídicos ou *porque a sua motivação é essencialmente determinada pelos efeitos jurídicos-tributários que são suscetíveis de produzir.*" (*Evasão tributária Legítima*, Relatório Nacional de Portugal, IV Jornadas Luso-Hispano-Americanas de Estudos Tributários, 1970, texto não publicado, p. 2. Do mesmo autor, publicado tal trabalho, sob idêntico título, na Rev. de Direito Público, vol. 23, p. 236 e, na mesma linha de pensamento, *Manual de Direito Fiscal*, 1974, Lisboa, vol. I, p. 256 e segs.), *apud* Antônio Roberto Sampaio Dória, *op. cit.*, p. 48.

à interpretação jurídica, conforme pretendeu o legislador com os termos do parágrafo único do art. 116 do CTN.[116] A apreciação subjetiva dos negócios jurídicos realizados pelo contribuinte não tem espaço em sede de análise da subsunção dos mesmos à norma tributária, colimando verificar a ocorrência do fato gerador, porquanto encontra óbice nos princípios da legalidade estrita em matéria tributária e da tipicidade tributária, conforme veremos em pontos subseqüentes. Ao administrador tributário cabe apenas a verificação da ocorrência ou não do fato gerador, de forma objetiva, pautada nas hipóteses da lei, desprovida de vigor econômico ou de apuração ética do contribuinte.

3.5.3. Espécies

A elisão pode ter duas espécies:[117]

a) Elisão induzida pela lei;

b) Elisão resultante de lacunas da lei.

A primeira poderia ser chamada de elisão *imprópria*, porquanto o contribuinte não precisa alterar a configuração do seu negócio para adequar-se à lacuna da lei tributária, visto que a própria lei já contempla o benefício almejado. É, em verdade, um incentivo dado pelo legislador, motivado dentro da linha de política extrafiscal do seu governo, objetivando desonerar determinados segmentos da economia – como as exportações – ou determinados setores de produção ou serviços com alto poder de pressão política.

---

[116] Art. 116. Salvo disposição de lei em contrário, considera-se ocorrido o fato gerador e existentes os seus efeitos:
I – tratando-se de situação de fato, desde o momento em que se verifiquem as circunstâncias materiais necessárias a que produza os efeitos que normalmente lhe são próprios;
II – tratando-se da situação jurídica, desde o momento em que esteja definitivamente constituída, nos termos de direito aplicável.
Parágrafo único. A autoridade administrativa poderá desconsiderar atos ou negócios jurídicos praticados com a finalidade de dissimular a ocorrência do fato gerador do tributo ou a natureza dos elementos constitutivos da obrigação tributária, observados os procedimentos a serem estabelecidos em lei ordinária.
[117] Antônio Roberto Sampaio Dória, *op. cit.*, p. 49-54.

A elisão induzida pela lei manifesta-se através de isenções, reduções de alíquotas ou de bases de cálculo, previsões de não-incidência para determinados casos, dentre outras formas. O autor cita normas que fixam em baixos níveis os proventos estimados obtidos na agropecuária, para fins de imposto sobre a renda.[118]

No segundo caso, há omissão involuntária do legislador, incapaz de prever todas as hipóteses negociais possíveis conjecturadas pelo contribuinte ou que venham a ser viabilizadas pelas transformações sociais ou pela dinâmica da economia. Exemplifica o aproveitamento da lacuna com a distribuição não tributada de lucros através da amortização de ações ou com a ação de "metamorfosear" toda espécie possível de ganhos em rendimentos-tipo não tributados, como o ágio obtido na venda de ações ou quotas por pessoa física, em bolsa.[119]

3.5.4. Elisão tributária Internacional

3.5.4.1. Elementos de Conexão

As obrigações tributárias podem, em princípio, ser configuradas de tal forma que suas relações econômicas apareçam da forma mais favorável no âmbito tributário. Isso vale inclusive para as relações internacionais, sendo prática conhecida também fora da Alemanha. A configuração tributária (*Steuergestaltung*), inclusive no âmbito internacional, não é escandalosa ou indecente, podendo alcançar um limite, uma fronteira, onde negócios são celebrados ou onde sociedades dependentes ou controladas são instaladas como se matrizes fossem, em determinado local, unicamente com escopo de serem favorecidas por melhores acordos regulatórios, que disciplinam as relações entre este Estado local e um terceiro. Klaus Vogel questiona-se acerca dessas construções tributárias, se de fato são sempre os respectivos negócios jurídicos vantajosos dentro das possibilidades do direito civil. Tal indagação exsurge,

---

[118] *Op. cit.*, p. 50.
[119] *Idem*, p. 53.

visto que no direito alemão, por força do § 117 do BGB – que trata dos negócios aparentes (*Scheingeschäfte*) – os negócios jurídicos são nulos, caso o resultado jurídico na verdade não tenha sido desejado por ambas as partes. Nos casos que interessam ao estudo da elisão, os negócios jurídicos resultantes, celebrados nos moldes do direito privado, são seriamente levados a cabo pela norma, precisamente em virtude das suas conseqüências tributárias.[120]

Suscita-se a dúvida segundo a qual o negócio jurídico tido como elisivo permanece sem conseqüências, ao analisarmos o § 42 da AO. Conforme posicionamento do *Bundesfinanzhof* (BFH),[121] tal dúvida deve ser solucionada pela ciência jurídica alemã e também pela ciência jurídica dos Estados que se utilizam desse expediente. Quando da utilização de uma convenção sobre dupla tributação, deve-se decidir entre a aplicação do direito interno e do direito disposto na convenção. Se a matéria provoca o surgimento de uma obrigação tributária no direito local, em caso afirmativo de utilização das regras para se evitar a incidência do tributo, evidentemente a questão da incidência ou não deve ser decidida de acordo com o que foi pactuado pelos Estados na convenção. Se a convenção permitir a incidência e se, por conseguinte, a utilização das regras para se evitar a dupla incidência tributária for admissível pela convenção, deparamo-nos com outro problema, até mesmo porquanto, na visão do doutrinador alemão, são raros os regulamentos que são bem expressos.[122]

Os Estados europeus mantêm a idéia de *elisão* (*Umgehung*) como abuso (*Missbrauch*) ou, ainda, como fraude à lei, em primeiro plano. Os Estados anglo-saxões, por sua vez, ostentam o discurso jurídico em torno da questão acerca da relação entre substância e forma, acerca de um razoável sentido do negócio (*vernünftigen geschäftlichen*

---

[120] Klaus Vogel *et al., Doppelbesteuerungsabkommen*, München: C.H. Beck'sche Verlagsbuchhandlung, 1983, p. 39.

[121] *BFH* BStBl. (*Bundessteuerblatt*) 1977, 268, 269; *DBA Schweiz*, cfr. Klaus Vogel, *op. cit.*, p. 39.

[122] *Op. cit.*, p. 40.

Sinn) ou de um razoável sentido para a existência de uma ilusão que se cria.[123] A *House of Lords* acompanhava a longa discussão que se travava na Grã-Bretanha sobre o discurso jurídico americano, também aceito como *step transactions* ou "transações por fases" (*mehrstufigen Transaktionen*), que deveriam conduzir ao um resultado que apresentasse uma diminuição do tributo, não sobre um determinado negócio isoladamente, mas sim sobre o resultado global final.[124]

No cenário das relações internacionais, procurando-se evitar a ocorrência de negócios elisivos, o legislador alemão ocupou-se em criar regulamentos especiais, o que vem sendo observado na Alemanha desde a década de sessenta. O início da formalização das regras contra a elisão nas relações internacionais deu-se com a legislação americana de 1962, sob a denominação de *Controled Foreign Corporations* (*Subpart F*). Sob a tutela dessas regras, os rendimentos das filiais estrangeiras da matriz americana eram somados, toda vez que a autonomia jurídica da filial não era viável economicamente através de determinadas atividades desenvolvidas no país de instalação. No mesmo ano, foi publicada uma resolução do parlamento suíço contra o emprego da convenção sobre dupla tributação, declinando por negar benefícios a empresas instaladas no território suíço, caso elas enviassem mais de 50% dos seus rendimentos para países não autorizados pela convenção ou caso fossem controladas por países não autorizados pela convenção e distribuíssem menos de 25% do seu rendimento bruto, o que Klaus Vogel denomina de "sociedades-depósito" (*Speichergesellschaften*).[125]

De acordo com as peculiaridades de cada Estado, o exemplo americano foi seguido. Assim foram editadas diversas normas, entre elas a *Aussensteuergesetz* de 1962,

---

[123] Klaus Vogel cita os casos de Gregory v. Helvering (USA, 35-1 USTC 419 (9043), Higgins v. Smith, 40-1 USTC 61 (9160), entre outros. In: *Doppelbesteuerungsabkommen*, p. 40.

[124] Ramsay v. Comm. e Eilbeck v. Rawling, 1981, STC 174, 178 ff, cfr. Klaus Vogel, *Doppelbesteuerungsabkommen*, p. 40 e 41.

[125] *Op. cit.*, p. 41.

na Alemanha, o regulamento canadense sobre a *Foreign Accrual Property Income* (FAPI) do mesmo ano e as correspondentes legislações no Japão, em 1978, e na França, em 1980. As novas convenções sobre dupla tributação, dali em diante, passaram a conter constantemente cláusulas que objetivavam impedir um abuso da convenção com o propósito de se evitar a incidência do tributo. Nessa senda, houve previsão de uma determinação no art. 16 na legislação americana de 1962 sobre as *Controled Foreign Corporations*, que impedia a utilização de benefícios da convenção por terceiros. As posteriores convenções alemãs permitiam, geralmente, a liberdade para a criação de "dividendos de caixa" (*Schachteldividenden*) somente para rendimentos provenientes de atividades efetivamente realizadas pela sociedade (*Aktivitätsklausel*).[126]

Segundo Alberto Xavier, a elisão tributária internacional – *tax avoidance* – não pode ser assimilada ao conceito de evasão tributária – *tax evasion* – visto que não se trata, necessariamente, de ato ilícito que envolva violação da obrigação tributária – em conexão com ordens tributárias diversas – mas a prática de atos lícitos, dentro do "âmbito da liberdade de organização racional dos interesses do contribuinte", quando inserto em um contexto que envolva mais de um ordenamento jurídico. Consiste no objetivo de evitar-se a incidência de certa norma ou conjunto de normas mediante conduta negocial que vise a impedir a ocorrência do fato gerador da obrigação tributária em certa ordem jurídica – menos favorável – ou "produzam a ocorrência" desse ato em um sistema jurídico mais favorável.[127]

Está dentro da liberdade dos cidadãos a escolha do ordenamento jurídico que lhe seja mais favorável do ponto de vista fiscal, sem que isso implique ausência de tributação. O fenômeno da elisão tributária internacional pressupõe dois requisitos essenciais: dois ou mais ordenamentos

---

[126] Klaus Vogel, *Doppelbesteuerungsabkommen*, p. 41 e 42.

[127] Alberto Xavier, *Direito Tributário Internacional do Brasil*, Rio de Janeiro: Forense, 6ª ed., 2004, p. 309.

tributários, onde em um ou mais deles há a possibilidade de se realizar a situação concreta de forma tributária mais vantajosa; a livre e voluntária escolha desse caminho mais favorável pelo contribuinte, dentre as hipóteses previstas legalmente ou não proibidas no ordenamento que lhe seja mais atraente.[128] Nesse ponto específico, reside o núcleo da prática que resulte na ocorrência da elisão tributária internacional, através da "faculdade voluntária de opção ou escolha racional" que possibilitam, em análise de âmbito pragmático, ao que conhecemos por planejamento tributário.[129] É essa faculdade que permite ao particular atuar diretamente na eleição do elemento de conexão da norma de conflitos, colimando trazer à tona a norma do ordenamento que seja mais interessante para a economia lícita de tributos.

A elisão tributária internacional pode configurar-se, essencialmente, mediante dois elementos de conexão distintos: a elisão é subjetiva quando se opera por um elemento de conexão subjetivo, como a residência ou o domicílio do contribuinte; é objetiva quando a elisão se opera por um elemento de conexão objetivo, como o local da fonte de produção ou de pagamento de um rendimento, o local do exercício da atividade ou da instalação de um estabelecimento permanente. A elisão tributária objetiva ainda pode ser manejada com maior facilidade pelo contribuinte. Poder-se-ia eleger a espécie que objetiva dividir o rendimento em territórios fiscais distintos, ou a espécie em que se opta por concentrar o rendimento em um território fiscal mais favorável, ao ponto de se atingir a *tax deferral* (tributação diferida) para uma posterior distribuição, ou ainda a terceira espécie em que se procede na transferência do rendimento de um ordenamento para outro mais favorável.[130]

---

[128] Sobre o assunto, ler Alfons Schmid, *Die internationale Steuerflucht-Möglichkeiten und Bekämpfungsmethoden*, St. Gallen, 1961.

[129] Alberto Xavier, *op. cit.*, p.310-311.

[130] Idem, p. 311.

Planejamento Tributário e Interpretação Econômica

3.5.4.2. Modos de Operação

Após a reflexão teleológica sobre o instituto no plano internacional, cumpre adentrarmos nos meios utilizados para sua consecução. Os meios relativos ao ordenamento mais favorável são proporcionados pelos paraísos fiscais ou pelos regimes fiscais preferenciais. Os meios utilizados para a efetivação da escolha do ordenamento ou regime mais favorável concernem aos atos jurídicos celebrados, muitas vezes denominados de operações, materializados pela definição da fixação do elemento de conexão em um território específico. Certamente, estes atos podem ser facilmente constatados em contratos que estipulem preços de transferência, que constituam sociedades-base e *holdings*.

3.5.4.2.1. Paraísos Fiscais

Os países dotados da característica de serem paraísos fiscais são países que, dentro de sua política extrafiscal, incentivam a atração de capital estrangeiro, seja através da entrada no território de novos investidores, seja no próprio mercado de capitais, seja mediante aplicações em instituições financeiras, seja por meio da instalação de novas fontes de produção ou prestação de serviços. O instrumento utilizado configura-se na isenção de certos fatos jurídicos que tradicionalmente são tributados dentro da normalidade dos padrões das diferentes comunidades jurídicas ou na redução das alíquotas (*Minderbesteuerung*).[131] Estes países apresentam como característica comum dos seus respectivos ordenamentos tributários a não-incidência do imposto sobre a renda de sociedades empresárias, cujos detentores do capital não residem e não desenvolvem sua atividade exclusivamente no local do estabelecimento empresarial – onde se dá a ocorrência do fato gerador do imposto sobre a renda de pessoas jurídicas – tampouco incidente de forma retida na fonte sobre os dividendos distribuídos aos sócios ou sobre rendimentos

---

[131] Alberto Xavier, *op. cit.*, p. 315.

pagos a terceiros. Destarte, a empresa propriamente dita – entendida como o conjunto dos meios de produção organizados por uma matriz energética e postos em funcionamento – desenvolve-se no país de residência dos sócios – menos favorecido tributariamente – enquanto a sede do estabelecimento da pessoa jurídica, para fins de imposto de renda, é no país de tributação mais favorecida. Ressalte-se que, *a priori*, não há qualquer ilegalidade na operação, visto que o local do fato gerador da exação em comento não é o mesmo do território de tributação menos favorecida.[132]

Justiça seja feita para relevar a condição de aptidão para a caracterização como paraísos fiscais de qualquer Estado, porquanto o favorecimento tributário ocorre em relação a certos setores ou segmentos da economia, que variam de acordo com as necessidades específicas de cada um. Alberto Xavier, conhecedor da realidade sobre o oferecimento das vantagens fiscais por parte de cada país, assim exemplifica:

– *Panamá e Libéria:* apresentam normas tributárias que incentivam o desenvolvimento da marinha mercante;

– *Luxemburgo e Holanda:* regime especialmente favorável às sociedades controladoras ou simplesmente denominadas *holding* e à colocação de empréstimos externos;

– *Liechtenstein:* vantagens oferecidas às suas sociedades, fundações e *Anstalten* (medidas) à organização das fortunas privadas;

– *Suíça:* normas gerais de tributação moderada e segredo bancário;

– *Uruguai:* apresenta liberdade cambial irrestrita, abrangendo moedas inconversíveis;

– *Estados Unidos:* não-tributação de juros pagos aos residentes no exterior, que detêm depósitos bancários, incentivando a manutenção dessas aplicações no seu território.

---

[132] Idem, p. 316.

Planejamento Tributário e Interpretação Econômica

Não obstante a opção pela adoção de uma legislação, ou mesmo de todo um sistema financeiro e tributário que objetive proporcionar vantagens para a atração de capital estrangeiro, Estados há que se inclinam por definir determinadas zonas de seus territórios sujeitas a regimes fiscais privilegiados. É o que ocorre nos "centros de concentração" da Bélgica, no "International Financial Services Center", de Dublin (Irlanda), no Centro Financeiro Internacional de Trieste (Itália), na Zona Especial Canária da Espanha, no Centro Internacional de Negócios ou Zona Franca da Ilha da Madeira de Portugal. Frise-se que a concretização de normas de isenção ou redução de tributos nessas regiões é de extremo relevo dentro da política de desenvolvimento regional e de concorrência, inclusive sendo essas normas aceitas pela Comissão da Comunidade Européia, desde que visando a objetivos temporários.[133]

3.5.5. Casos de Elisão Tributária

Marco Aurélio Greco afirma que há um texto de Bártolo de Sassoferrato, que viveu aproximadamente de 1320 a 1370, no qual relata, no chamado *Concílio 135*, que em algumas comunas italianas, havia a exigência imposta aos mercadores que vendiam seus objetos na praça local, de pagar uma taxa pelo uso do solo municipal. Bártolo relata que alguns caçadores que ali chegavam, com a intenção de negociar suas peles, não as colocavam no chão, para que não pagassem a taxa. Assim, mantinham-nas nos braços, alegando que não ocorria o fato gerador da taxa e que eles estavam agindo mediante conduta plenamente lícita, qual seja, a de carregar e manter seu produto nos braços, não precisando pagar a taxa.[134]

O *Concilium 135*, para este autor, é o primeiro documento que relata uma prática de elisão tributária, na qual

---

[133] Cfr. Boris Gombac, *Les Zones Franches en Europe, passim*; Gouthière, *Les impôts dans les affaires internationales*, Paris, 1991, p. 653, *apud* Alberto Xavier, *op. cit.*, p. 317.

[134] Marco Aurélio Greco, *Desconsiderações de Atos ou Negócios Elisivos* – X Simpósio do Instituto de Estudos Tributários/Novo Código Civil – Revista de Estudos Tributários, Ed. Síntese, nº 29, jan-fev/2003, p. 138.

há uma prática de um ato lícito, antes da ocorrência do fato gerador, sem qualquer simulação que pretenda evitar ou reduzir a incidência e a exigibilidade do tributo. Para Bártolo, a taxa é devida, porquanto os caçadores tinham a intenção de negociar suas peles, conquanto não faziam uso do solo para sustentá-las. Levando em conta esse dado histórico, o problema da elisão tem, pelo menos, 600 anos.[135]

Alberto Xavier suscita importante questão relacionada ao planejamento tributário e à proibição da analogia. A cisão societária, muitas vezes, é encarada pelo Fisco como alienação de participação societária. Em assim sendo, aplica norma concernente ao ganho de capital na alienação de participação societária, tributando por analogia; em verdade, tributa fato extratípico, porquanto a norma de incidência do tributo prevê como fato gerador a alienação de participação societária, mas não a cisão. Destarte, não pode ser aplicada à hipótese de cisão.[136]

Sacha Coelho cita um caso da Suprema Corte argentina, envolvendo o Imposto sobre Heranças e Doações (15%) e o Imposto sobre a Transferência de Ações (3%). O cidadão, objetivando transferir alguns bens aos seus herdeiros, tenta evitar o imposto de alíquota maior. Assim, em vez de doar os bens aos herdeiros, integraliza-os no capital da sociedade que criou e passou a gerir. Em momento seguinte, transfere as ações aos herdeiros. A Corte argentina desconsiderou o ato plenamente lícito para declarar a ocorrência de uma doação, fazendo incidir o respectivo imposto. Ocorre que neste país não há previsão constitucional do Princípio da Tipicidade, e a interpretação econômica é permitida pela legislação. No Brasil, seria um caso típico de elisão.[137]

Em 1953, em julgamento pelo pleno do Tribunal Federal de Recursos, o Ministro Elmano Cruz expôs no sentido da licitude da prática elisiva. No caso, afirmou que,

---

[135] *Op. cit.*, p. 138.
[136] *Op. cit.*, p. 147.
[137] *Op. cit.*, p. 176.

se dentro de um sistema jurídico são facultadas ao contribuinte diferentes rotas de atuação para evitar o tributo, e estas são legais, não há qualquer razão para enquadrá-lo em fraude à lei ou compeli-lo a pagar imposto maior, por ter usado esta faculdade. O problema reside na "ação apressada do legislador",[138] que está preocupado em modificar o texto legal para aumentar a arrecadação e coibir fraude e sonegação, mas termina por cercear o contribuinte na sua segurança quanto à tributação, notadamente amparada pelo Princípio da Segurança Jurídica, segundo o qual o cidadão não pode ser surpreendido com normas discricionárias e arbitrárias, tangentes à legislação.

O caso supracitado envolvia o seguro dotal. A pessoa celebrava o contrato de seguro, pagando o prêmio, mas cancelava-o imediatamente depois, recebendo o prêmio de volta, descontado o lucro da seguradora, porquanto o segurado fazia-se valer de empréstimo da própria seguradora para pagar o prêmio. Quando esta pessoa prestava sua declaração de imposto de renda, "o indivíduo abatia de seus ganhos o valor do prêmio pago e não incluía positivamente o valor do prêmio restituído",[139] visto que a lei[140] excluía expressamente as restituições de prêmios de seguros por força de renúncia ou cancelamento contratual do rol de rendimentos tributáveis.

Por ocasião do julgamento referido, o Tribunal Federal de Recursos inclinou-se por caracterizar esse negócio como elisão tributária, bem como parte da doutrina, que incluía Gomes de Souza e Túlio Ascarelli.[141] Entretanto, alguns anos mais tarde, ministros do Supremo Tribunal Federal, entre eles Luís Gallotti, Orosimbo Nonato e Cândido Lobo, inclinaram-se por caracterizar o negócio como

---

[138] Ac.TFR, pleno, Agr. Mand. Seg. nº 1997, de 30.04.1953, Rel. Min. Elmano Cruz, Rev. Dir. Administrativo, vol. 36, p. 183-192, *apud* Sampaio Dória, *op. cit.*, p. 134.

[139] Sampaio Dória, *op. cit.*, p. 136.

[140] Decreto nº 24.239, de 22.12.1947, art. 11, § 2º, letra "c" (In: Sampaio Dória, *op. cit.*, p. 136).

[141] Gomes de Souza, *Seguro Dotal*, e Túlio Ascarelli, *Ensaios e Pareceres*, p. 338 e segs., *apud* idem, p. 136.

fraude fiscal, aplicando-lhe a penalidade mais severa àquela época em matéria de imposto de renda (multa de 300%).[142] Sampaio Dória classifica o ato como simulado, na medida em que é realizado sem a intenção de auferir seus efeitos, ou para ser anulado logo após sua celebração. Diz que é simulação absoluta, posto que não há intenção de realização de ato algum, não há qualquer motivo mercantil ou econômico, senão o de burlar o Fisco.[143]

Outro interessante caso, que chegou a ser sumulado pelo STF,[144] concerne à incorporação de imóvel, mediante alienação do terreno e empreitada de construção, no caso, de prédio de apartamentos. Consistia em contrato de promessa de compra e venda de imóvel, através do qual o proprietário do terreno e incorporador atrelava à venda do mesmo uma fração ideal para si. Além disso, pactuava que construiria uma determinada unidade autônoma, a ser definitivamente alienada, juntamente com o terreno, ao adquirente, por ocasião do término do pagamento das prestações. A situação envolvia o Imposto de Transmissão *inter vivos* sobre dois imóveis, imposto este a ser pago pelo adquirente, e o Imposto sobre Lucro Imobiliário, a ser pago pelo incorporador (pessoa física). A prática elisiva, aceita pelo STF, consistia em substituir a promessa, segundo a qual o incorporador construiria a unidade autônoma, por um contrato de empreitada de construção da unidade autônoma. Desta forma, a propriedade do apartamento era desde logo do adquirente, sendo apenas transferido o domínio do terreno ao comprador por ocasião do pagamento da última prestação do terreno. Assim, não ocorriam os fatos geradores de ambos os tributos: o adquirente não era obrigado ao pagamento do Imposto de Transmissão sobre

---

[142] Sampaio Dória, *op. cit.*, p. 136.

[143] *Op. cit.*, p. 136-137.

[144] Súmula nº 110. "O Imposto de Transmissão *inter vivos* não incide sobre a constituição, ou parte dela, realizada pelo adquirente, mas sobre o que tiver sido constituído ao tempo da alienação do terreno."
Súmula nº 470. "O Imposto de Transmissão *inter vivos* não incide sobre a construção, ou parte dela, realizada, inequivocamente, pelo promitente comprador, mas sobre o valor do que tiver sido construído antes da promessa de venda."

Planejamento Tributário e Interpretação Econômica

o apartamento, e o incorporador não era obrigado ao pagamento do Imposto sobre o Lucro Imobiliário.[145]

Sob a égide da Lei das Sociedades por Ações de 1940, possuindo a sociedade fundos disponíveis, estes poderiam ser distribuídos entre todos ou alguns acionistas a título de antecipação de dividendos tocantes às ações, objeto dessa amortização, em caso de liquidação. Esse procedimento ocorria sem diminuição do capital social.[146] As ações amortizadas poderiam ser substituídas por ações de gozo ou fruição.[147] O objetivo não era outro senão o de evitar a incidência do imposto sobre a renda, evitando o respectivo fato gerador (auferir renda), mediante distribuição de reservas sob o título de amortização de ações. Essa situação nominalmente seria tributada pelo imposto sobre a renda, enquanto simplesmente enquadrada como distribuição de reservas.

Conforme Bulhões Pedreira, tanto as decisões administrativas quanto as judiciais foram contraditórias no sentido de constatar prática elisiva ou evasiva.[148] Para a sociedade, tratava-se de uma distribuição de lucros – plenamente tributados; para o acionista, tratava-se de uma restituição de capital, sob o enfoque jurídico, enquanto sob o econômico, havia movimentação de riqueza mediante forma não-tributada. Algumas decisões no sentido favorável à tributação justificavam o surgimento da obrigação tributária por dispositivos meramente genéricos da legislação do Imposto sobre a Renda.[149]

---

[145] Sampaio Dória, *op. cit.*, p. 137-139.

[146] Art. 18 do Decreto-Lei n° 2.627, de 26.09.1940. A regulamentação subseqüente consagra tal possibilidade, de forma mais complexa, conforme expõe Sampaio Dória, *op. cit.*, p. 139.

[147] § 3°, art. 18.

[148] *Imposto de Renda*, Rio de Janeiro, 1969, p. 7-2, sec. 7.31 e nota 38, *apud* Sampaio Dória, *op. cit.*, p. 140. Posteriormente, a Lei 2.862, de 04.09.1956, no seu art. 26 e parágrafos, preencheu a lacuna tocante à amortização de ações na legislação do Imposto sobre a Renda, cfr. Sampaio Dória, *op. cit.*, p. 140.

[149] *Op. cit.*, p. 140.

4. Elementos Auxiliares na Conformação da Obrigação Tributária

4.1. APARÊNCIA JURÍDICA

É um dos grandes objetivos do contribuinte vislumbrar a viabilidade do seu negócio jurídico fora das hipóteses previstas pela legislação tributária, de tal modo que o conteúdo efetivo do seu negócio seja determinado sem que ocorra a total ou parcial subsunção da norma ao ato/fato, e o conseqüente surgimento da obrigação tributária. A legislação sempre busca prever o conteúdo efetivo dos negócios, evitando, assim, total ou parcialmente a elisão. Segundo Giannini,[150] geralmente há a previsão legal de atos jurídicos nos quais prevalece o princípio segundo o qual seus objetos são aqueles resultantes do "documento", que contém o negócio. Para o autor italiano, há dúplice conseqüência, que não é obstáculo à incidência do tributo nem à nulidade, mesmo absoluta, do ato, nem à circunstância que o negócio, ainda que válido, não tenha se concretizado ou tenha sido modificado ou rescindido. Somente nos casos elencados pela lei, "a anulação do ato pode fazer surgir o direito à restituição do tributo, distinto da anterior relação obrigacional tributária, e que nasce se e no mo-

---

[150] Achille Donato Giannini. *Concetti Fondamentali del Diritto Tributario*, Torino: Unione Tipografico – Editrice Torinense, 1956, p. 167.

Planejamento Tributário e Interpretação Econômica

mento no qual se verificam as condições particulares previstas na lei".[151]

Entretanto, nesse ponto, a mera aparência jurídica prevalece sobre a substância do negócio, contanto que, sucessivamente, tenha lugar um outro ato que, removendo a aparência, exponha claramente a real situação de fato e de direito, considerado como a manifestação de uma nova transferência no sentido contrário do primeiro – aparente – e, conseqüentemente, sujeita a um novo tributo.

4.2. TEORIA DA UTILIDADE NEGOCIAL

Também conhecida como *Business or Corporate Purpose Theory*, esta doutrina foi desenvolvida no Direito suíço e no Direito norte-americano. Postulava que, como justificativa da prática elisiva, o contribuinte deveria demonstrar necessariamente a existência de intenção, propósito ou utilidade do negócio de natureza material ou mercantil, ou seja, o simples objetivo de evitar ou de reduzir o tributo – buscando a economia fiscal – incidente na operação, não seria suficiente para legitimar a conduta elisiva.

Sampaio Dória ilustra a teoria com a construção jurisprudencial suíça, segundo a qual não é legítima a prática elisiva se:

a) A forma de Direito civil eleita pelas partes é insólita e não corresponde à situação econômica;

b) A tal fato se acresce uma apreciável economia de impostos;

c) Ficar patente que tal estado de coisas não tem outra explicação senão a redução da carga fiscal.[152]

Crítica deve ser feita quanto ao único objetivo de redução de carga fiscal. Por mais que se intente a economia fiscal, sempre haverá a relação de causalidade negocial

---

[151] *Op. cit.*, p. 167.
[152] *Op. cit*, p. 75.

como foco principal da ação do contribuinte, uma vez que o simples atrativo fiscal oferecido pela lacuna legal deixa de ser atrativo se não se vislumbra real necessidade de realização do negócio jurídico "privilegiado" com a referida lacuna. Parece-nos que ninguém celebraria determinado negócio jurídico apenas por constatar que sobre o mesmo não há qualquer incidência de tributo.

Por outro lado, o escopo fiscal surge através da designação da forma jurídica, prevista pela legislação civil, na qual são vislumbrados os aspectos materiais do ato celebrado. Desde que idônea a via civil eleita, nos moldes da legislação, sempre haverá o amparo do Princípio da Liberdade Negocial, segundo o qual o cidadão é livre para escolher o caminho menos oneroso tributariamente.[153]

No Direito norte-americano, a doutrina ganha feições mais estritas. Originalmente, foi desenvolvida para aplicação em operações empresariais em níveis de reorganização estrutural e jurídica, tais como fusão, incorporação, cisão e liquidação. Nessas transformações societárias, há a possibilidade de se alcançar vantagens tributárias relevantes, em especial no aproveitamento de prejuízos, distribuição de lucros sob a forma de novas ações, ganhos de capitais tributados de forma menos severa, entre outros.[154] Segundo os preceitos da doutrina, toda e qualquer reorganização societária deve atender a alguma utilidade negocial, e não simplesmente ter por escopo a redução ou não-incidência do tributo.

Arthur M. Michaelson explica que a utilidade negocial pode ser verificada sob três aspectos:

---

[153] "E lei alguma impede que o contribuinte eleja um fato imponível em lugar de outro, nem manda que realize determinado fato imponível. O contribuinte é livre na eleição de um dentre os diversos fatos tributários que se lhe ofereçam como possíveis, e é perfeitamente legítimo que adote aquele que determine a lei menos gravosa fiscalmente, em lugar da mais gravosa. Isto não é fraude à lei, senão economia fiscal obtida dentro do jogo que os preceitos legais permitem (elisão do imposto)." José Luis Perez de Ayala, *Derecho Tributario*, Madri, Vol. I, 1968, p. 132, *apud* Sampaio Dória, p. 77.

[154] Idem, p. 78. A doutrina foi enunciada no caso Gregory v. Helvering, 293 US 465, 79 L. Ed. 596 (1935).

a) A questão da permanência: a reorganização empresarial deve ser duradoura, isto é, as atividades da sociedade reestruturada devem projetar-se ao longo do tempo;

b) A questão da vantagem societária: deve haver benefício, não o fiscal, propiciado à sociedade resultante, diverso daquele obtido pelos donos do negócio;

c) A questão da finalidade substancial: se for exclusiva ou substancialmente a redução de tributos, a transformação não é considerada reorganização como define a lei.[155]

Consideramos que a doutrina em apreço não tem guarida no Direito brasileiro, porquanto não encontra amparo nos princípios constitucionais e nas garantias fundamentais dos contribuintes. Toda e qualquer tentativa de cercear a livre possibilidade de transação e reorganização negocial – desde que sempre nos moldes da legislação permissiva ou não-proibitiva – é inconstitucional e nitidamente prejudicial à economia e ao desenvolvimento do Estado. Atrelar a viabilidade de operações societárias à formação unicamente de benefícios trazidos à sociedade diversos dos benefícios fiscais é totalmente incoerente ao cerne da sobrevivência e da minimização dos custos operacionais das empresas, bem como representa entrave a qualquer nível de expansão empresarial, seja a título de novas contratações ou a título de intensificação da produção.

Haverá quem tente justificar a possibilidade da pertinência da Teoria da Utilidade Negocial em nosso sistema jurídico com o advento do Código Civil de 2002 (Lei nº 10.406/02), através de seu art. 421, especialmente.[156] De fato, tal dispositivo procurou trazer nova valoração ao aspecto social da substância contratual, podendo até mesmo implicar, implicitamente, que as vantagens tributárias as-

---

[155] Arthur Michaelson, *Business Purpose and Tax-Free Reorganization*, Yale Law Journal, 1952, v. 61, p. 14 a 26, cf. também Richard W. Case, *Disregard of Corporate Entity in Federal Taxation – The Modern Approach*, Virginia Law Review, 1944, v. 30, p. 398, *apud* Sampaio Dória, p. 78-79.

[156] "Art. 421. A liberdade de contratar será exercida em razão e nos limites da função social do contrato."

piradas quando da fase de elaboração do mesmo restem preteridas às vantagens que possam ser trazidas à sociedade, à coletividade, ou até mesmo à vida dos integrantes da sociedade empresarial. Cremos que essa aspiração é válida e pertinente aos dogmas mais nobres de política social, em especial dentro do cenário político que vivemos na atualidade. Entretanto, elevar-se tal aspiração em patamar superior ao da aspiração de práticas elisivas – frise-se, totalmente legais – é desrespeitar as garantias mais nobres dos contribuintes e comprometer a própria sobrevida das empresas e a garantia de emprego de seus integrantes.

4.3. SIMULAÇÃO, DISSIMULAÇÃO E OUTRAS FIGURAS NA DOUTRINA DE JOSÉ CARLOS MOREIRA ALVES

Em palestra proferida durante o Seminário Internacional sobre Elisão tributária, ocorrido em Brasília, de 06 a 08 de agosto de 2001,[157] o ex-ministro do Supremo Tribunal Federal, em análise sobre o parágrafo único do artigo 116 do Código Tributário Nacional, afirmou que o grande problema da disposição se encontrava na natureza da dissimulação, o sentido e o alcance que deveria ser dado à expressão.

Para a apuração do verdadeiro contexto da dissimulação que possa envolver o negócio alcançado, necessária faz-se a distinção entre a causa do negócio jurídico e o seu motivo: a primeira é a finalidade econômica e prática, visada pela lei, quando dispõe sobre um determinado negócio jurídico; a segunda é advinda da intenção das partes, no contexto de sua subjetividade. Assim, a causa está para o aspecto objetivo, da mesma forma que o motivo está para o aspecto subjetivo.

---

[157] Anais do Seminário Internacional sobre Elisão tributária, realizado pela Escola de Administração Fazendária – Esaf, em Brasília, publicado pela Editora da Esaf, 2002.

O negócio jurídico simulado encerra-se na manifestação do motivo através de negócio que não visou a buscar a finalidade do negócio, que é sua causa.[158] É negócio em que se cria uma aparência almejada pelas partes, de forma absoluta ou relativa. Na absoluta, cria-se a aparência sem que se esconda o negócio desejado, como na situação em que, ocorrendo uma revolução, nascendo a perspectiva de confisco dos bens dos anti-revolucionários, um destes simula a alienação de seus bens a um amigo simpatizante da revolução, evitando a perda dos mesmos no caso da efetivação do confisco. Na relativa, há o envolvimento de dois negócios jurídicos: o simulado e o dissimulado. O primeiro é aquele que é "visível a olho nu", porquanto é o resultado apresentado que criou a referida aparência. O segundo é aquele ocultado pelo negócio jurídico simulado, ou seja, aquele negócio que realmente se queria, mas que foi evitado para que a norma tributária não incidisse. É o caso do homem casado que deseja fazer uma doação à concubina e simula uma compra e venda com a mesma, sem receber qualquer preço, escondendo a doação.[159]

Moreira Alves afirma que são três os requisitos da simulação:

a) divergência entre vontade interna e vontade manifestada;

b) necessária existência de acordo entre os figurantes da relação negocial;

c) objetivo de enganar terceiros.

Da análise desses requisitos, observamos claramente que, segundo a posição externada, simulação e elisão são fenômenos completamente distintos, no mínimo ao que concerne ao terceiro requisito. Primeiro: a elisão é prática lícita, amparada pela disposição da legislação ou por ausência desta, realizada dentro do Princípio da Liberdade Negocial, colimando evitar ou reduzir o tributo, sem incorrer em qualquer transgressão legal tributária ou penal, visto que materializada sob a forma de negócio não tipifi-

---

[158] *Op. cit.*, p. 64.
[159] Idem.

cado na hipótese de incidência do tributo nem tipificado na hipótese de crime. Não há qualquer intenção de se ludibriar terceiros – muito menos o Fisco – pois o negócio ou tem permissão ou não tem proibição prevista na lei. Se há previsão legal, é sinal que o legislador disponibilizou aos interessados a faculdade de celebração do negócio, dada sua relevância social e econômica; se não há proibição ou se simplesmente não há a previsão para a incidência do tributo, é sinal que o legislador ou não considerava relevante o ato, ao ponto de ser tipificado, ou resolveu facilitar sua realização, não o proibindo, ou ainda, absurdamente, considerando-o relevante, esqueceu-se de incluí-lo na norma.

Moreira Alves, com base na doutrina alemã, explicou que havia uma classificação para os negócios jurídicos que englobava os negócios que serviam apenas para encobrir outros negócios jurídicos. Nela encontrava-se o negócio jurídico fiduciário, o negócio jurídico indireto em sentido estrito e o negócio jurídico com pessoa interposta. O primeiro classifica-se em romano e germânico: o romano, também denominado de fidúcia *cum creditore*, ocorria na transferência, *v.g.*, da propriedade plena de bem do devedor ao credor, com um pacto verbal adjeto que obrigava o credor a devolver a propriedade do bem ao devedor quando este satisfizesse o débito. Assim, o pacto de devolução era encoberto pelo negócio manifesto, qual seja, a transferência propriamente dita. Hoje temos no nosso Direito a figura da alienação fiduciária em garantia. Entretanto, a alienação fiduciária como garantia é manifestada sob a forma de cláusula escrita; aquela dos romanos era verbal, baseada apenas na confiança. Já na fidúcia germânica, a transferência ocorria sob condição resolutiva escrita, qual seja, o advento da quitação do débito, que impunha a devolução da propriedade. Destarte, havia uma grande incoerência entre a forma jurídica utilizada – a transferência da propriedade – e a real intenção dos contratantes – a constituição de uma garantia.[160]

---

[160] Idem, p. 66.

O negócio jurídico indireto em sentido estrito é aquele em que os figurantes da relação jurídica se utilizam de figura típica do Direito Civil, nos exatos moldes previstos, mas acrescendo cláusulas especiais que encobriam outra intenção, outro negócio. É o que ocorre nos contratos de compra e venda com cláusula de retrovenda, através dos quais o vendedor poderia reaver o imóvel do comprador mediante devolução do montante pago adicionado das despesas decorrentes da transferência. No Rio de Janeiro, era freqüente a situação na qual esta espécie de contrato era usada para mascarar um contrato de mútuo: o mutuário vendia o imóvel ao mutuante com cláusula de retrovenda acrescida de cláusula de constituto possessório, através da qual o mutuário ficava na posse direta da coisa a título de locação, e os aluguéis encobriam os juros pertinentes ao negócio realmente querido, sendo estes últimos calculados com base no valor mutuado. Não se trata de simulação, porquanto o preço pactuado corresponde ao preço querido e que servia de base para o cálculo dos juros (aluguéis). Entretanto, diz-se que é negócio jurídico indireto em sentido estrito, uma vez que a finalidade para a qual foi utilizada a forma prevista na lei civil não corresponde à intenção dos figurantes, que é a de obtenção de dinheiro mediante o oferecimento de garantia para a satisfação dos juros.[161]

Também convém citar a situação em que o representante de uma sociedade empresarial adquire poderes de representação, mediante procuração, com fins específicos de venda de imóvel do representado, mas sem a obrigação de prestação de contas. Assim, o representante, que não é proprietário, vende a coisa e fica com o preço para si, pois não tem o dever de prestar contas. A questão da representação não oculta outro negócio jurídico, mas é utilizada com fim diverso do que foi criada.

Importante é a relação entre a letra da lei e o espírito da lei, estudo que é feito no campo da hermenêutica. Várias possibilidades há: não seguir a letra e o espírito da

---

[161] Idem, p. 67.

lei, o que corresponderia em infração ou violação expressa de lei; seguir a letra e o espírito da lei, em perfeita harmonia com o Direito idealizado; seguir a letra da lei, mas não seu espírito, ou seja, seguir o rigor de uma interpretação literal ou gramatical e abandonar a interpretação teleológica, integrada a uma interpretação sistematizada da norma com as garantias e os princípios constitucionais. Assim, é a situação em que se observa a letra da lei, mas com o fito de se alcançar espírito contrário ao da mesma, situação denominada de fraude à lei, segundo o jurista. Exemplo encontrado no Direito Romano era o do instituto da *insinuatio apud acta*, segundo o qual, por previsão de uma constituição do Imperador Constantino, todas as doações de valor superior a 500 sólidos deveriam seguir uma série de formalidades, dentre elas a forma escrita e o registro em arquivo público. Para escapar da disposição constitucional, os romanos costumavam celebrar, *e.g.*, seis doações de 100 sólidos cada para a mesma pessoa, em momentos distintos. Outra situação é a do funcionário público que deseja arrematar bem público em leilão, o que é proibido por lei. Visando a adquiri-lo licitamente, solicita a um amigo que o arremate, para que, posteriormente, revenda-o para ele. Em tese, não há qualquer ilicitude. Vejamos bem: não há ilicitude, não há celebração de negócio contrário ou em violação à letra da lei. No entanto, há fraude, na medida em que se respeitou a *verba legis* e se desrespeitou a *mens legis* ou a *sententia legis*.[162]

A fraude ainda precisa ser analisada dentro das concepções objetiva e subjetiva. A corrente que defende que a fraude deve ser objetiva desvincula o resultado apresentado pelo agente com sua intenção de desobedecer ao espírito da lei, isto é, basta que ocorra a lesão ao espírito da lei, o descompasso entre o objetivo da lei e o objetivo maquinado, para que ocorra a fraude. A corrente que defende o liame necessário da manifestação negocial (contrária à *mens legis*) com a intenção do agente é a subjetiva, segundo a qual, para fraudar a lei, é preciso assim desejar

---

[162] Idem, p. 68-69.

Planejamento Tributário e Interpretação Econômica

(o que pressupõe o seu conhecimento). É claro que, pelo princípio geral, segundo o qual *ignorantia legis neminem excusat*, a corrente subjetiva não prospera, porquanto seria muito conveniente ao fraudador alegar que nunca teve a intenção de fraudar a lei simplesmente porque a desconhece. Logo, a imputação das penalidades da fraude deve vir apenas com a demonstração do nexo de causalidade entre o agente e o resultado de desconformidade à intenção da lei.

Segundo o ex-ministro, o início da formulação da teoria do abuso do direito surgiu na Idade Média, por meio da realização de atos emulativos (*Aemulatio*, do latim, competição, mas aqui com sentido de ato com intenção de prejudicar terceiro). Cita a situação em que o proprietário levanta um muro alto para cercear sua vizinha – com quem não mantém bom relacionamento – da exposição ao sol, impedindo que a mesma realize sua atividade de lavar roupas e secá-las ao sol, sem que obtenha qualquer vantagem com o ato.[163]

O Código Civil de 1916 não apresentava qualquer dispositivo expresso que veiculasse a teoria do abuso do direito. Entretanto, diversas comunidades jurídicas já adotavam a teoria desde o início do século passado, muitas delas de forma inclusive positivada. Assim procederam os alemães, no âmbito do Direito Tributário (*Steuerrecht*), dispondo sobre a impossibilidade de utilização das formas do direito civil de maneira abusiva para evitar ou reduzir o tributo, inicialmente no § 5 da RAO (*Reichsabgabenordnung*) de 1919. Em verdade, poder-se-ia manter a distinção feita pela maioria dos doutrinadores entre abuso das formas e abuso de direito. Todavia, defendemos a posição de fim pragmático quando analisamos estes dois institutos jurídicos no âmbito da elisão tributária, isto é, ou a conduta negocial é lícita ou é ilícita, não havendo o que se

---

163 Para o doutrinador, caracteriza o abuso de direito a "utilização anormal das formas, de maneira egoísta, sem motivos legítimos, provida de excessos voluntários, dolosos ou culposos, nocivos a outrem, contrários ao critério econômico e social do direito em geral." Idem, p. 70.

falar em conduta que se utilizou de determinada forma positivada abusivamente, tampouco em conduta que restou amparada de forma abusiva no direito a ela concernente. A tipicidade fechada do Direito tributário esgota as possibilidades de ação da norma tributária, dispondo exaustivamente os atos/fatos relevantes para a política fiscal arrecadatória. Assim, o sujeito "A" celebra o negócio jurídico "X" com o sujeito "B". Este negócio, para fins de incidência da norma tributária, é hipótese de incidência ou não é. Em sendo hipótese de incidência, ocorre o fato gerador, fazendo surgir a obrigação tributária. Um dos sujeitos passa a denominar-se contribuinte; o outro passa a denominar-se responsável tributário. Enfim, surge a obrigação de recolher o tributo. Surge nova situação: ou eles assim procedem, extinguindo o crédito tributário pelo pagamento – sujeito à homologação – ou assim não procedem, não recolhendo o tributo ou recolhendo a menor, ensejando conduta ilícita, civil e penalmente relevante.

O Código Civil atual positivou a teoria do abuso do direito no seu art. 187.[164] Esta disposição, por seu turno, não deve ser usada dentro de sua estrutura jurídica – que lhe é peculiar ao Direito privado – no Direito tributário. Alfredo Augusto Becker explica que desde o início dos estudos sobre o Direito Tributário, inicialmente na Alemanha, depois na Itália, doutrinadores buscaram esclarecer que este ramo do direito, apesar de público, precisava utilizar-se dos institutos e dos conceitos do Direito privado para fins de interpretação e aplicação da norma tributária. Entretanto, sua preocupação foi a de deixar claro que este amparo oferecido pelo Direito privado não deveria ser utilizado de outra forma que não a do fato econômico correspondente ao respectivo instituto ou conceito.[165]

---

[164] Art. 187. Também comete ato ilícito o titular de um direito que, ao exercê-lo, excede manifestamente os limites impostos pelo seu fim econômico ou social, pela boa-fé ou pelos bons costumes.

[165] *Teoria Geral do Direito Tributário*, São Paulo: Lejus, 1998, 3ª ed., p. 126-127.

Amílcar de Araújo Falcão defendia a idéia de que era a relação econômica que interessava ao Direito Tributário. Os fatos relevantes ao mundo jurídico assim o são de acordo com seus aspectos particulares, atrelados à natureza jurídica da relação envolvida, sua finalidade e ponto de vista. No Direito Civil, relevam-se as condições para a existência (constituição ou formação), validade (obediência às diretrizes legais) e eficácia (aptidão para a produção de efeitos) dos atos. No Direito Tributário, interessa o condão econômico conferido pela concretização do ato, apto a conferir aos seus figurantes a condição de contribuintes, dentro de uma relação em que, nesse momento, o que importa é a movimentação ou a transferência de riqueza e a produção.[166]

Buscaremos justificar nossa posição tendente à impossibilidade de aplicação da norma do art. 187 (Teoria do Abuso de Direito) do atual Código Civil pela administração tributária, enquanto aplicadora da norma do parágrafo único do art. 116 do Código Tributário. Analisando o conceito do fato gerador, verificaremos que, para sua configuração, o elemento volitivo, ou seja, a intenção do agente, não é um pressuposto para sua ocorrência. Tanto é verdade que basta que ocorra a situação, que está definida na lei como necessária e suficiente, para que exsurja o fato gerador. E ainda cumpre consignar que o mesmo deve ser interpretado abstraindo-se a validade jurídica dos atos efetivamente praticados pelos contribuintes, responsáveis, ou terceiros, bem como da natureza do seu objeto ou de seus efeitos (art. 118, I, CTN). Destarte, mesmo que a intenção do agente não seja a que foi realmente manifestada e materializada no negócio jurídico, este é válido e relevante para que sofra a subsunção da norma tributária e a conseqüente ocorrência do fato gerador.

O Direito privado cuida das relações entre os particulares, seja no âmbito civil ou comercial. A motivação das relações firmadas, a manifestação da vontade, de forma

---

166 *Introdução ao Direito Tributário*, Rio de Janeiro: 1959, p. 99-100, *apud* Alfredo Augusto Becker, *op. cit.*, p. 127-128.

clara e voluntária, livre de qualquer vício de consentimento ou de coação, é *conditio sine qua non* para a validade do ato. Adentrando na análise do referido artigo do Diploma civil, observaremos que caberá ao aplicador da lei a apuração do *modus operandi* do titular do direito, colimando verificar se os limites impostos pela legislação foram excedidos dentro do que propõe a finalidade econômica ou social, a boa-fé ou os bons costumes. Assim, o que é relevante ao Direito privado, nestes aspectos, em nada é para o Direito Tributário, postas as condições, diretrizes interpretativas e conceitos atinentes ao surgimento da obrigação de pagar o tributo. Ao fiscal tributário não era outorgado direito de proceder nessa apuração tendente a verificar o abuso, até o advento da Lei Complementar 104, em 10 de janeiro de 2001. Uma vez incompatível a norma geral antielisiva com o sistema tributário brasileiro, também incompatível a norma do art. 187 do Código Civil no campo das relações tributárias. É o que procuramos explicar, através das palavras de Alfredo Augusto Becker, quando colocamos que os conceitos e os institutos do Direito Civil são emprestados e utilizados na criação, na interpretação e na aplicação da regra tributária por meio do fato econômico que lhe é correspondente.

Amílcar de Araújo Falcão afirma que por trás de cada léxico da norma tributária, como, por exemplo, em *venda*, há um contexto econômico envolvido e relevante ao legislador tributário. Em se verificando o contexto expresso pelo nexo positivado, há a incidência imediata do tributo, pouco importando a forma de exteriorização utilizada pelo contribuinte.[167] Dino Jarach conjectura que a venda e a promessa de compra e venda deveriam ser objeto da mesma incidência tributária, visto que são atos economicamente equivalentes.[168]

---

[167] Idem, p. 101-103.

[168] *Principi per l'Applicazzione delle Tasse di Registro*, Padova: 1937, p. 35, *apud* Alfredo Augusto Becker, *op. cit.*, p. 129.

4.4. O ATO JURÍDICO DISSIMULADO

Pontes de Miranda afirma que a simulação que não é absoluta é oriunda de ato jurídico voluntário e intencional, com base em suporte fático em que há a previsão de outra intenção que não a manifestada, ou o suporte fático não atende com plenitude e suficiência a intenção presente no ato.[169] Cita Teixeira de Freitas, que expõe que os atos devem valer com seu caráter verdadeiro, tal como preceitua o comando legal, e não com o caráter aparente em que são exteriorizados, sempre que a simulação for relativa e que não houver intenção de prejudicar terceiro ou infringir a lei.[170] O ato jurídico dissimulado pode ainda satisfazer os pressupostos de existência e de validade, de modo que para vir à tona ele precisa "ser" e precisa "valer".[171]

A *extraversão*, definida por Pontes de Miranda como o "exsurgimento do ato dissimulado, como ato jurídico, no lugar do ato jurídico simulado", ocorre mesmo nas situações em que o "ato jurídico aparente" sofresse a incidência da regra legal, tornando-lhe nulo ou anulável. Isso não ocorre com o ato jurídico dissimulado, porquanto dele são exigidas a existência e a validade por meio de seus pressupostos.[172] A presença do elemento volitivo faz-se indispensável para que o ato jurídico dissimulado se extraverta. Mesmo que tacitamente – o que se aceita – a vontade precisa ser manifestada. Outro importante pressuposto

---

169 Francisco Cavalcanti Pontes de Miranda, *Tratado de Direito Privado*, 3ª ed., Rio de Janeiro: Borsoi, 1970, p. 401.

170 Idem, p. 401.

171 "Os pressupostos de validade são elevados a pressupostos de existência. Assim: se o ato jurídico simulado foi por instrumento particular e o ato jurídico dissimulado exigiria escritura pública, não se pode pensar em *extraversão* (=exsurgimento do ato dissimulado, como ato jurídico, no lugar do ato jurídico simulado); se o ato jurídico dissimulado teria sido nulo ou anulável por incapacidade, não se extraverte, – portanto não existe. Se teria sido apenas anulável por incapacidade ou outra causa, o ato, que poderia ser ratificativo, é, para ele, que não apareceu, eficaz como ratificação: seria declaração amigável de aparência inocente do ato simulado e ratificação do ato dissimulado." *Op. cit.*, p. 401-402.

172 "Por exemplo: foi ato jurídico aparente o contrato de penhor, sem que a tradição do bem móvel se houvesse feito, e ato jurídico dissimulado foi dação de garantia ou reconhecimento da dívida." *Op. cit.*, p. 402.

para a efetivação da *extraversão* é a compatibilidade do instrumento utilizado para o ato jurídico simulado para o ato jurídico dissimulado, isto é, só ocorre a *extraversão* em sendo bastante o instrumento para o ato jurídico dissimulado.[173]

No Direito Civil brasileiro, o ato jurídico simulado de forma absoluta é declarado inexistente por sentença, fulminando-o por completo, pois nada mais existe; o ato jurídico simulado de forma relativa e inocente (aqui, no sentido de contrário a *nocente*, que caracteriza a nocividade, a prejudicialidade), caso em que os figurantes da relação jurídica podem alegar simulação relativa, pode ser convertido, por sentença, no que realmente foi querido pelos figurantes no lugar do que foi simulado. O autor explica que essa ação tem condão de interpretação do ato jurídico, sendo assim, declaratória.[174]

Caio Mário afirma que a simulação é absoluta quando o ato estiver consubstanciado em confissão, declaração, condição ou cláusula não-verdadeira, através da qual os figurantes não objetivam eficácia alguma. Não há intenção de se produzir resultado. A simulação é relativa (ou dissimulação) quando a intenção do ato manifestado é encobrir outro ato, não manifestado, mas intencionado.[175] Este doutrinador considera a simulação como relativa toda vez que surge um resultado, efetivamente desejado pelo agente, após a declaração ou manifestação de vontade, porém resultado diverso daquele normal, ou seja, do resultado previsto na norma concernente ao ato.[176]

O Código Civil atual preceitua que é nulo o ato jurídico simulado, o que não é novidade alguma. Entretanto, dispõe que subsistirá o ato que se dissimulou, sempre que

---

[173] *Op. cit.*, p. 403.

[174] Idem, p. 403.

[175] "Por exemplo, uma compra e venda para dissimular uma doação; a venda realizada a um terceiro para que este transmita a coisa a um descendente do alienante, a quem este, na verdade, tencionava desde logo transferi-la." Caio Mário da Silva Pereira, *Instituições de Direito Civil*, Rio de Janeiro: Forense, 1999, V. I, p. 339.

[176] Idem, p. 339.

apresentar substância e forma válidas, isto é, preceitua a possibilidade de *extraversão*.

4.5. A DISSIMULAÇÃO DO FATO GERADOR

A norma geral antielisiva foi inserida no artigo que define o aperfeiçoamento do fato gerador da obrigação tributária. Somente se considera ocorrido o fato gerador quando este se traduzir em situação jurídica, definitivamente constituída, nos termos da legislação pertinente, isto é, faz-se mister identificar se realmente houve o aperfeiçoamento da referida situação jurídica – apta a realizar o fato gerador – para que sobrevenha a obrigação tributária.[177]

Dissimular a ocorrência do fato gerador ou a natureza dos seus elementos consiste em utilizar de roupagem jurídico-formal que esconda, disfarce, oculte o fato realmente ocorrido. Para tal verificação, é necessária interpretação conforme outras disposições do próprio Código Tributário e, em especial, da Constituição Federal, o que leva à conclusão – conforme Luciano Amaro – de que não foi outorgada possibilidade à autoridade fiscal para criar novos tributos, não foi lesado o Princípio da Reserva Legal, não foi autorizada a tributação por analogia e não foi inserida a consideração econômica no lugar da consideração jurídica.[178]

Para o referido autor, a norma confere poder ao ente público para demonstrar a incompatibilidade entre a situação concretamente exposta e a situação ou objetivo idealizado, procedendo, ato contínuo, a sua desconsideração. Isso somente não ocorrerá se o agente refletir no papel aquilo que realmente vislumbrou. O legislador, por seu turno, nada mais fez do que criar um instrumento ao

---

[177] Luciano Amaro, *Direito Tributário Brasileiro*, 8ª ed., São Paulo: Saraiva, 2002, p. 230.
[178] Idem, p. 231.

administrador fiscal para coibir e neutralizar a ação daqueles contribuintes que procuram apelar para a simulação das situações jurídicas, colimando evitar o tributo.[179]

A dissimulação não é diferente da simulação: nesta, o foco da ação é um caso de não-incidência; naquela, o foco da ação é um caso de incidência.[180]

O Fisco, ao identificar a dissimulação, pode identificar o fato gerador e efetuar o respectivo lançamento, devendo, necessariamente, para fins de validar a desconsideração, fundamentar suficientemente sua decisão, demonstrando a finalidade do agente frente ao resultado enquanto forma jurídica.[181]

4.6. A NORMA GERAL ANTIELISIVA

4.6.1. A Confusão dos Institutos Jurídicos na Exposição de Motivos da Lei Complementar n° 104/01

A Lei Complementar n° 104/01 é resultante da aprovação do Projeto de Lei Complementar n° 77/99, que dispunha sobre alterações de dispositivos do Código Tributário Nacional. Oficialmente, a exposição de motivos, de autoria do então Ministro de Estado da Fazenda Pedro Malan, para o referido projeto de lei, foi encaminhada ao Congresso Nacional pelo Presidente Fernando Henrique Cardoso, veiculado pela Mensagem n° 1.459/99.

Importante destacar a verdadeira intenção do Ministério da Fazenda na tentativa de criação de norma geral que visava a coibir a elisão tributária e, necessariamente, o planejamento tributário. Observe-se o tratamento conferido aos institutos jurídicos já analisados:

---

[179] Idem, p. 231.

[180] "Dissimula-se o positivo (ocorrência do fato gerador), simulando-se o negativo (não-ocorrência do fato gerador)." Idem, p. 232.

[181] Leandro Paulsen. *Direito Tributário: Constituição e Código Tributário à luz da doutrina e da jurisprudência*, 3ª ed., Porto Alegre: Livraria do Advogado: ESMAFE, 2001, p. 635.

"A inclusão do parágrafo único ao art. 116 faz-se necessária para estabelecer, no âmbito da legislação brasileira, norma que permita à autoridade tributária desconsiderar atos ou negócios jurídicos praticados com finalidade de elisão, constituindo-se, dessa forma, em instrumento eficaz para o combate aos procedimentos de planejamento tributário praticados com abuso de forma ou de direito."

Precipuamente, verificamos que a exposição de motivos faz menção aos institutos jurídicos da elisão, do abuso de forma e do abuso de direito. A finalidade da norma do parágrafo único do art. 116, na mente do governo, foi, de fato, combater a elisão. Entretanto, observa-se que há uma verdadeira confusão terminológica por parte do governo – corroborada pela confusão aceita e mantida pelo legislador, que aprovou o dispositivo legal – que entende a elisão como o resultado do planejamento tributário praticado mediante abuso de forma ou abuso de direito. Conforme já exposto, os referidos institutos não podem ter seus conceitos equiparados, sob pena de representarem um único instituto. Ainda interessante é que o resultado legislativo da intenção de combater a elisão configurou-se em termos de combate à dissimulação do fato gerador ou da natureza dos elementos constitutivos da obrigação tributária, consoante a própria letra do supracitado parágrafo.

Oportuna é a expressão criada por Alfredo Augusto Becker, qual seja, a expressão *carnaval tributário*, para qualificar a desordem jurídica que envolve o resultado legislativo da norma antielisiva e os motivos governamentais. Posicionamo-nos no sentido de que o governo manifestou intenção de combater os atos praticados mediante abuso de forma e de direito, pois esse é o conteúdo final da sua exposição, conforme a Mensagem nº 1.459/99. Ocorre que, se essa foi a real intenção, mostra-se despicienda a norma em comento, visto que o nosso ordenamento já previa instrumentos normativos, dispostos à autoridade tributária, para desqualificar atos ou negócios praticados mediante abuso, isto é, atos ou negócios que encerraram intenção diversa da prevista nas possibilidades contratuais do Direito privado ou, conforme já colocado, a incongruência entre a *intentio facti* e a *intentio jure*, atos que materializam intenção diversa da que realmente foi desejada pelo particular.

Se *elisão* é o resultado de procedimento de planejamento tributário praticado com abuso de forma ou de direito – ou ainda, conforme o parágrafo único do art. 116, o resultado causado pela dissimulação do fato gerador ou da natureza dos elementos da obrigação tributária – então não existe o instituto da elisão tributária no nosso ordenamento jurídico. Elisão é o resultado do aproveitamento lícito das lacunas do sistema, das possibilidades colocadas à disposição dos particulares para seus atos, que justamente são livremente utilizadas por não se enquadrarem em hipótese de incidência de tributo, seja por intenção manifesta do legislador – através de isenções ou através das próprias imunidades na gênese constitucional, âmbito da política fiscal e extrafiscal – seja por simples esquecimento ou desprezo do ato para fins tributários, ocasionando a lacuna. Esse é o conceito comungado pelas doutrinas nacional e internacional predominante, que acompanhamos sem reservas. Dessa forma, a norma geral antielisiva, nos moldes da justificativa a que foi trazida para o ordenamento, não tem razão de ser. Na verdade, é norma que visa a combater o que não existe no nosso sistema jurídico, que é a elisão como resultado de planejamento tributário praticado com abuso de forma ou de direito. Em exegese forçada, caso fosse retirada a parte final dos motivos do governo para a norma, restando simplesmente a intenção de desconsiderar atos ou negócios com objetivo de elisão, sem fazer qualquer menção a planejamento tributário e a abuso de forma e a abuso de direito, constataríamos que a intenção seria a de combater condutas lícitas do particular, acabando com todo o conjunto de princípios e garantias que o ampara e lhe traz a devida e almejada segurança jurídica.

Planejamento Tributário e Interpretação Econômica

4.6.2. Impropriedade Técnica entre a Terminologia da Norma e a sua Finalidade

Inicialmente, cumpre destacar que a Medida Provisória n° 66, de 29 de agosto de 2002, previa os procedimentos relativos à norma geral antielisão, nos seus artigos 13 a 19. Por ocasião da promulgação da Lei n° 10.637, de 30 de dezembro do mesmo ano, que era o veículo de conversão legislativa da medida provisória, as normas atinentes a este procedimento foram retiradas do texto. Assim, permanecemos até o presente momento sem a regulação.

Importa, nesse momento, destacarmos que consideramos haver ocorrido grave equívoco legislativo. Se a real intenção do legislador era a de criar norma que viabilizasse aniquilar atos elisivos – desconsiderando-os e aplicando a regra tributária como se tivesse ocorrido o fato previsto nos moldes da hipótese de incidência – errou em dispor sobre *dissimulação* no texto da norma. Há nítida restrição de atuação do alcance da norma com relação à natureza do ato, buscando-se compatibilizar *intentio facto* e *intentio juris*, porquanto restringe seu campo de incidência à conceituação material e à disciplina formal da simulação, neste caso, relativa.[182]

Com a vigência do Código Civil de 2002, a impropriedade técnica vem à tona de forma indiscutível pela norma do artigo 167,[183] mostrando que a intenção legislativa de norma antielisiva não prospera também por óbice legislativo e conceitual de institutos do direito civil. Dissimulação é espécie de simulação, sob forma relativa, e em hipótese alguma pode ter seu conceito confundido com o da elisão. Conforme Cesar A. Guimarães Pereira, o legislador terminou por equiparar a conduta elisiva sobre o conceito de ato ou negócio dissimulatório.

Paulo de Barros Carvalho afirma que o ordenamento tributário brasileiro já dispunha de norma que autorizava

---

[182] James Marins, *op. cit.*, p. 57.
[183] Art. 167. É nulo o negócio jurídico simulado, mas subsistirá o que se dissimulou, se válido for na substância e na forma.

108   *Gustavo Fossati*

a desconsideração de negócios jurídicos dissimulados,[184] sendo que o parágrafo único veicula dispositivo apenas ratificador desta norma. Tal é também a opinião de Heleno Tôrres, que assevera que a alteração faz trabalho de aperfeiçoamento do que já existia de modo genérico.[185] Entretanto, alerta o primeiro para o fato segundo o qual a análise a ser realizada pela autoridade administrativa não pode adentrar no plano do planejamento tributário, ao ponto de julgar dissimulado o negócio jurídico realizado nos moldes permitidos, o qual é um dos objetivos deste planejamento. A norma antielisiva não veio para impedi-lo, até mesmo porque o contribuinte é livre para escolher as vias negociais, o que poderá ou não resultar em efeitos na esfera tributária.[186]

André Luiz Carvalho Estrella comenta sobre a mesma corrente a que está filiado Paulo de Barros Carvalho.[187] Afirma que a norma não inovou no ordenamento nacional, posto que a hipótese de simulação já existia expressamente no art. 149, VII, do CTN.[188] Critica que a norma, dentro da terminologia apresentada, não atingiu seu objetivo, qual seja, de ser uma norma que vise a coibir e a aniquilar práticas elisivas, porquanto tem como meta proibir a dissimulação. Além disso, pela literalidade do texto, afirma que a norma estaria abarcando hipóteses ilícitas de redução de tributos, posto que dissimular a ocorrência do fato gerador é ocultar a sua ocorrência,[189] configurando a fraude fiscal.

---

[184] O autor refere-se ao art. 149, VII, do CTN, *in verbis*: Art. 149. O lançamento é efetuado e revisto de ofício pela autoridade administrativa nos seguintes casos: ... VII – quando se comprove que o sujeito passivo, ou terceiro em benefício daquele, agiu com dolo, fraude ou simulação. Paulo de Barros Carvalho, *Curso de Direito Tributário*, 14ª ed., São Paulo: Saraiva, 2002, p. 271.

[185] *Limites do Planejamento Tributário e a Norma Brasileira Anti-Simulação (LC 104/01)*, In: Grandes Questões Atuais do Direito Tributário, Dialética, v. 5, p. 101-153, *apud* Paulo de Barros Carvalho, *op. cit.*, p. 272.

[186] Idem, p. 272.

[187] André Luiz Carvalho Estrella, *A Norma Geral Antielisão e seus Efeitos – Art. 116, par. Ún., do CTN*. Revista de Direito Constitucional e Internacional, São Paulo: RT, julho-setembro de 2003, p. 203.

[188] Idem nota 101.

[189] *Op. cit.*, p. 203.

Segundo autoridades da Secretaria da Receita Federal, de onde havia se originado o projeto, estaria configurada uma *norma geral antielisão*, visando a combater a elisão tributária e a aumentar a arrecadação tributária. Hugo de Brito Machado sustenta que tanto a palavra *evasão* como a palavra *elisão* podem ser utilizadas em sentido amplo ou restrito, sendo que no primeiro caso, significam qualquer forma de fuga ao tributo, lícita ou ilícita; no segundo caso, significam a fuga ao dever jurídico de pagar o tributo, constituindo, dessarte, comportamento ilícito. Elisão é o ato ou efeito de elidir, ou seja, eliminar, suprimir; evasão é o ato de evadir-se, de fugir. Para o autor, elisão e evasão têm sentidos equivalentes, o que permite utilizar o termo *elisão tributária* no sentido de eliminação ou supressão do tributo, como o termo *evasão tributária*, no sentido de fuga ao imposto. Assim, prefere estabelecer uma diferença de significado, diversa da maior parte da doutrina, declinando por utilizar *evasão* para designar a conduta lícita e *elisão* para designar a conduta ilícita. Justifica que, como elidir é eliminar, ou suprimir, e que só se pode eliminar ou suprimir o que existe, quem elimina ou suprime um tributo age ilicitamente, posto que está eliminando ou suprimindo uma relação tributária já existente. De outra banda, como evadir é fugir, a fuga representaria a ação de evitar o surgimento da relação tributária, manifestando caráter preventivo, coadunando-se a uma postura lícita.[190]

Todavia, em qualquer dos casos, Hugo de Brito Machado ressalta que se faz necessária a averiguação do caráter lícito ou ilícito da conduta adotada, através da ocorrência ou não do fato gerador.[191]

---

[190] Hugo de Brito Machado. *Planejamento Tributário e Crime Fiscal na Atividade do Contabilista*. Artigo publicado na obra Planejamento Tributário, sob a coordenação de Marcelo Magalhães Peixoto, São Paulo: Quartier Latin, 2004, p. 431-432.
[191] Idem, p. 432.

4.6.3. As Regras Jurídicas que Compõem a Norma

A norma geral antielisiva apresenta três diferentes espécies de regras jurídicas:

a) Regra Formal ou Estrutural: é de competência administrativa. Ao fiscal é outorgado poder para desconsiderar atos ou negócios jurídicos;

b) Regra Material: refere-se ao ato ou negócio em si mesmo. A prática do ato ou negócio jurídico tendente a dissimular o fato gerador do tributo ou a natureza dos elementos constitutivos da obrigação tributária está sujeito à desconsideração destes atos;

c) Regra de Aplicabilidade Normativa: concerne à instituição e regulamentação. A observância dos procedimentos a serem estabelecidos em lei ordinária é *conditio sine qua non* para o ato de desconsideração dos atos ou negócios jurídicos dissimulatórios. Não contém qualquer regra de processo.[192]

As regras que posteriormente vierem a ser disciplinadas na lei ordinária devem explicitar o tipo antielisivo sob a forma de hipóteses específicas, nunca gerais, sob pena de repetir o preceito do campo complementar, ferindo a legalidade e a tipicidade.

Hugo de Brito Machado sustenta o mesmo posicionamento no que concerne à necessária regulamentação do procedimento contido na norma. Trata-se de procedimento específico apto a viabilizar a atividade administrativa fazendária, veiculado por meio de lei ordinária, que até o presente momento ainda não existe. Marco Aurélio Greco afirma sobre a necessidade de regulamentação de uma norma que contém regra de competência muito aberta, acautelando que "a própria noção de Estado Democrático de Direito repele uma norma antielisão no perfil meramente atributivo de competência ao Fisco para desqualificar operações dos contribuintes para o fim de assegurar de forma absoluta a capacidade contributiva. O fato gerador

---

[192] James Marins, *op. cit.*, p. 94.

é qualificado pela lei e uma pura norma de competência não convive com a tipicidade, ainda que aberta".[193]

4.6.4. Entraves à Norma

4.6.4.1. O Princípio da Legalidade

Destaque seja conferido para a interferência nociva do Estado na livre iniciativa e nas estatísticas de desemprego que assolam o país. A legislação extremamente casuística e minuciosa, tendente a uma única meta – aumentar a arrecadação – aumenta os custos das sociedades empresárias, que não encontram outra forma de sobreviver senão através de práticas elisivas – legais – e de demissões de empregados. O legislador constitucional consignou o Princípio da Isonomia, exigindo de cada contribuinte o tributo de acordo com a capacidade contributiva de cada um, colimando construir um Estado mais justo, equânime e solidário, o que vem a ser uma verdadeira falácia, posto que são poucos os segmentos da economia que se privilegiam de imunidades, de isenções e de reduções de carga tributária.

A soberania do Estado, quando investido do seu poder legislativo, encerra-se tão-somente para fazer a lei. O todo poderoso *Leviatã*, constituído como único meio eficaz de se chegar a tão preconizada paz idealizada por Thomas Hobbes, é o criador das leis positivas pelas quais o homem se deve deixar governar.[194] Até este ponto, de fato é uma relação com o contribuinte de total soberania, porquanto

---

192 Greco, Marco Aurélio e Libertuci, Elisabeth Levandowski. *Para uma Norma Geral Antielisão*, São Paulo: IOB, Outubro de 1999, p. 10, *apud* Machado, Hugo de Brito, *op. cit.*, p. 434.

194 Norberto Bobbio, ao analisar a lei natural e a lei civil na filosofia política de Thomas Hobbes, assim consignou: "Portanto, a primeira lei de natureza é aquela que prescreve constituir o Estado. Isto significa que o Estado é o meio mais eficaz para alcançar a paz (e, portanto, para realizar o valor supremo da conservação da vida). (...) Desse modo, o Estado se funda na própria lei natural, e as leis positivas – cuja produção é a própria razão de ser do surgimento do Estado – retiram sua justificação da lei natural. Em outras palavras: a lei natural afirma que, para alcançar o fim prescrito pela própria lei natural, o homem deve se deixar governar pelas leis positivas." In: Norberto Bobbio, *Thomas Hobbes*, São Paulo: Editora Campus, 1989, p. 107.

somente ao Estado é dada possibilidade de fazer leis; entretanto, após encerrado o processo legislativo, com a promulgação da lei, cessam os efeitos da soberania, porque o Estado Democrático de Direito, justamente por ter este condão, deve submeter-se às próprias leis que cria, sob pena de tornar-se um Estado autoritário, totalitário. Cria-se, nesse contexto, uma relação jurídica entre contribuinte e Estado – diversa da anterior relação de poder – através da qual o primeiro fica obrigado a pagar o tributo consoante a previsão da lei, e o segundo fica obrigado a não cobrar do primeiro o que não estiver exatamente prescrito na lei.[195] Essa argumentação já havia sido exposta por Hans Naviasky em 1926.[196]

Hugo de Brito Machado alerta para a possibilidade de questionamento da norma antielisão, considerada como ampliadora da competência tributária da administração, frente à impossibilidade de proposta de emenda constitucional tendente a abolir os direitos e garantias individuais, especialmente o Princípio da Legalidade. Mesmo que a norma fosse encarada como mera diretriz hermenêutica, apontando um caminho para o intérprete, estaria ainda a confrontar com o referido princípio, na medida em que estaria conferindo maior importância à realidade econômica do que à forma jurídica, atribuindo legitimidade à conduta da administração tributária para agir conforme a interpretação econômica. A lei, por sua vez, tem força constitucional para ser o veículo normativo da exigência e do aumento dos tributos, ao mesmo tempo que é a manifestação legítima da vontade do povo, exteriorizada por meio dos seus representantes no Poder Legislativo.[197] Logo, segundo a perspectiva do autor supracitado, a lei viabiliza a segurança jurídica, um dos seus maiores e mais importantes corolários. Tanto é verdade que a previsão das

---

[195] Rubens Gomes de Sousa, *op. cit.*, p. 85.

[196] Sobre o assunto, ler Hans Nawiasky, *Cuestiones Fundamentales de Derecho Tributario* (tradução de Juan Ramallo Massanet do original *Steuerrechtliche Grundfragen*, München: Dr. Franz A. Pfeiffer Verlag, 1926), Madrid: Instituto de Estudios Fiscales, 1982.

[197] *Op. cit.*, p. 434-435.

hipóteses de incidência dos tributos somente pode ser materializada pela lei, conforme explicitação do próprio art. 97 do Código Tributário Nacional, que estabelece que somente a lei pode estabelecer a instituição e a extinção de tributos, sua majoração ou redução, a definição do fato gerador da obrigação tributária, a fixação da alíquota do tributo e da sua base de cálculo, a cominação de penalidades para ações ou omissões contrárias a seus dispositivos, as hipóteses de exclusão, suspensão e extinção de créditos tributários, ou de dispensa ou redução de penalidades.

A tipicidade surge também como corolário do Princípio da Legalidade. De fato, em matéria tributária, a lei surge como veículo previsto constitucionalmente para a exigência e para o aumento dos tributos, para as situações exclusivamente nela previstas. Da mesma forma como está presente no âmbito do Direito Penal, a tipicidade (taxatividade) é a única solução para se evitar tipos abertos – seja no campo penal ou tributário – impedindo que o aplicador ou o intérprete da norma crie um fato delituoso ou um fato gerador segundo suas próprias convicções. Se isso fosse viabilizado, a segurança jurídica estaria comprometida. Entretanto, é justamente esse o foco da norma antielisão. Quanto maior a precisão desses tipos, menor a margem de incerteza e a possibilidade de arbitrariedade por parte do intérprete da lei ou das próprias regras surgidas da jurisprudência.[198]

As limitações constitucionais ao poder de tributar e a previsão do Código Tributário Nacional de que a lei tributária não pode alterar definição, conteúdo, alcance, conceitos e formas do direito privado impõem sérias restrições à atividade do legislador.[199] A Constituição estabelece claramente as espécies de tributos por ela autorizadas, bem

---

[198] João Dácio Rolim. *A conveniência ou não de uma norma geral antielisiva. Conciliação da liberdade e da segurança com a igualdade*, artigo publicado na Revista da Associação Brasileira de Direito Tributário, ABDT/Del Rey, Belo Horizonte, ano III, nº 5/6, janeiro/agosto 2000, p. 44, *apud* Hugo de Brito Machado, *op. cit.*, p. 436.

[199] Hugo de Brito Machado. *Op. cit.*, p. 436.

como a pertinência da atribuição de cada imposto a cada um dos entes da Federação, não possibilitando qualquer desvio ou alternância de atribuição. O Código Tributário, por sua vez, veicula no seu artigo 110 norma que limita a atuação da lei tributária, especialmente impedindo-a de alterar institutos, conceitos e formas existentes no direito privado, utilizados expressa ou implicitamente pela Constituição Federal, pelas constituições dos Estados ou pelas leis orgânicas do Distrito Federal ou dos Municípios, para definir ou limitar competências tributárias. Nesse diapasão, parece-nos claro que a autoridade administrativa não encontra suporte constitucional nem legal para desconsiderar atos ou negócios jurídicos, mesmo que se busque assim proceder pela via de uma norma pretensamente de cunho antielisivo, como a que foi inserida no Código Tributário Nacional. Conforme anteriormente afirmado, nem mesmo o legislador tem um poder tão amplo como o que se está pretendendo conferir à autoridade administrativa.

A estrita legalidade pertinente ao Direito Tributário é o princípio constitucional mais ferido pela norma antielisão, que inclusive suscita a invocação do § 4º do inciso IV do art. 60 da Constituição Federal, ressalvando-se o caráter de cláusula pétrea das garantias fundamentais.[200] Não obstante a previsão expressa de proibição de abolição das cláusulas pétreas, o princípio da legalidade é elevado a uma das funções primaciais do Estado de Direito, que visa a garantir os direitos individuais, consoante previsão clara de que ninguém será obrigado a fazer ou deixar de fazer alguma coisa senão em virtude de lei.[201]

O princípio ora invocado é um dos alicerces da aplicação sistemática constitucional da lei tributária, mor-

---

[200] Ives Gandra da Silva Martins, *Norma Antielisão e Sigilo Bancário*, In: Planejamento Tributário, São Paulo: Quartier Latin, 2004, p. 451-456. Conforme a Constituição Federal do Brasil, no seu art. 60, § 4º – Não será objeto de deliberação a proposta de emenda tendente a abolir: (...) IV – os direitos e garantias individuais.

[201] Art. 5º, II, da Constituição Federal do Brasil, cfr. Ives Gandra da Silva Martins, *Norma Antielisão e Sigilo Bancário*, In: Planejamento Tributário, São Paulo: Quartier Latin, 2004, p. 452.

Planejamento Tributário e Interpretação Econômica

mente para garantir que a lei não imponha um método de interpretação exclusivamente com finalidade econômica. Nesses moldes, é a posição de José Eduardo Soares de Melo:[202]

> "Em conclusão, a interpretação econômica não é acolhida no direito tributário brasileiro, porque o sentido da lei deve ser compreendido dentro do sistema constitucional, aplicando-se exclusivamente os conceitos e critérios jurídicos, em consonância com o princípio da estrita legalidade.
>
> A lei não pode fixar ou induzir a utilização de exclusivo método de interpretação, e nem conduzir a um determinado fim extrajurídico, inclusive de natureza econômica."

É inegável a transformação provocada pela legalidade no cenário jurídico mundial, especialmente por representar um forte instrumento de limitação da atuação do Estado sobre a liberdade, sobre a dignidade e sobre o patrimônio dos cidadãos. Historicamente, o homem eclodiu diversas guerras em função de disputas por territórios e pela sua própria liberdade. A legalidade surgiu como parte da solução que restauraria a paz social, coibindo o autoritarismo das monarquias clássicas.

Conforme os registros que hoje se têm conhecimento, esse princípio foi uma das maiores consagrações da Magna Carta de 1215, assinada por João Sem Terra, em meio a pressões dos barões ingleses, sufocados pelo colapso da política externa real após a sucessão de Henrique II. Este havia sido sucedido por um cavaleiro, chamado Ricardo I (1157 – 1199, tendo reinado de 1189 – 1199), também conhecido como Coração de Leão. Logo que assumiu o trono, passou o governo a um conselho, liderado por William Longchamp, bispo de Ely. Ricardo era considerado um homem perigoso pelos soberanos da Europa. Ao retornar da terceira cruzada, fora aprisionado de forma trai-

---

[202] *O planejamento tributário e a L.C. nº 104,* ed. Dialética, 2001, p. 179, *apud* Ives Gandra da Silva Martins, *Norma Antielisão e Sigilo Bancário,* In: Planejamento Tributário, São Paulo: Quartier Latin, 2004, p. 451.

çoeira por seus inimigos, o duque Leopoldo da Áustria e o imperador Henrique VI.[203]

Surge, no contexto, seu irmão João, cognominado *Lackland* – Sem Terra (1167 – 1216), conde de Mortain, que recebera do rei vastos domínios, mas fora excluído do processo sucessório. Em aliança com Filipe Augusto, tentou apoderar-se da coroa, iniciativa que obteve algum apoio na Inglaterra. Após libertado, Ricardo I reconciliou-se com seu irmão rebelde, pouco antes de morrer, a quem reconheceu como herdeiro do trono. João passou por inúmeras dificuldades desde que assumiu o trono, especialmente por força de sua impopularidade e de seu casamento precipitado com Isabel, herdeira do condado de Angoulême, esta uma das causas imediatas da guerra com a França. Sua relação com a Igreja também estava comprometida, visto que ele, os bispos e os monges reclamavam a mesma prerrogativa de indicar um sucessor para o arcebispo de Canterbury, que detinha uma importante função política na Inglaterra. Como João recusou-se a aceitar a indicação de Stephen Langton para o cargo, feita pelo Papa Inocêncio III, foi excomungado (1209), após o país ter sido colocado sob interdito (1208).

Abriu-se caminho para a rebelião dos barões ingleses, frente ao colapso da política externa. Após ser aceito pelo rei para o cargo de arcebispo de Canterbury, Langton encabeçou a conspiração, buscando esteio na carta da coroação, que garantia os direitos e costumes dos súditos ingleses, publicada no início do reino de Henrique I. Assim, em 19 de junho de 1215, os barões, amparados na antiga declaração de princípios, formularam um documento, chamado de Magna Carta, impondo-lhe ao rei para que assinasse, sob pena de declaração de guerra. Sem opor qualquer resistência, João Sem Terra chancelou-a, no campo de Runnimede, entre Staines e Windsor. Seu texto, como hoje é conhecido, tem sua versão final, após alterações, no ano de 1225, constando de um preâmbulo e 63

---

[203] *Enciclopédia Mirador Internacional*, São Paulo, Rio de Janeiro: Encyclopaedia Britannica do Brasil Publicações Ltda., 1987, V. 17, p. 9.678 e 9.679.

cláusulas. Afirma sobremaneira que o rei deve respeitar os direitos adquiridos, considerando justa a sublevação, levando à cessação do dever de lealdade, caso o monarca violasse os direitos da comunidade. O rei passava a depender de decisão do conselho dos barões para a viabilização de medidas como a de obtenção, *v.g.*, de fundos extraordinários não previstos pelo contrato feudal costumeiro. Surgem os primeiros elementos normativos do *habeas corpus*, previstos na cláusula segundo a qual nenhum homem livre poderá ser aprisionado ou exilado ou de qualquer outra forma destruído, a não ser pelo julgamento legal de seus pares, segundo as leis do país. A figura do parlamento toma vulto, consubstanciada em um comitê composto por 25 membros, todos barões, com competência para julgar as queixas contra a coroa, sendo suas decisões de obediência obrigatória para o rei, sob pena de configuração legítima do direito de sublevação armada.

Enfim, uma das grandes consagrações da Carta Magna de 1215 é a legalidade, como fundamento primordial para a segurança da liberdade, da dignidade e do patrimônio do particular. Surgiu nesse documento a exigência de prévio consentimento dos contribuintes, por seus representantes, para a instituição de qualquer tributo, declinando competência para o Parlamento inglês para consentir ou não acerca dos tributos propostos pelo rei.[204] A legalidade poderia ser elevada à condição de postulado para a mantença da segurança do patrimônio dos cidadãos e de sua liberdade. O resgate dos fundamentos antropológicos e históricos mostra-nos que o homem sempre esteve disposto a até mesmo perder sua vida em busca da liberdade e da proteção ao seu patrimônio. Não é à toa que Niccolò di Bernardo dei Machiavelli (1469 – 1527) optara por sugerir a Lorenzo, Duque de Urbino em 1515, neto de Lorenzo, o *Magnífico*, que a liberdade seria sempre invocada pelos povos conquistados como principal fundamento de

---

204 Manoel Gonçalves Ferreira Filho. *Comentários à Constituição de 1988*, São Paulo: Saraiva, 1994, v. 3, p. 99 e 100, *apud* Ives Gandra da Silva Martins, *Norma Antielisão e Sigilo Bancário*, In: Planejamento Tributário, São Paulo: Quartier Latin, 2004, p. 451.

resistência, competindo ao príncipe, como opção mais segura, destruir a cidade conquistada. Observe-se este trecho de "O Príncipe":

"Na verdade, não há maneira mais segura de possuir uma província que a talando. E aquele que advém senhor de uma cidade acostumada a viver em liberdade e que dela não faz ruínas pode esperar que ela o arruine, porquanto esta, em suas rebeliões, terá sempre a ampará-la a palavra *liberdade* e os seus antigos costumes, os quais nem a longa duração dos tempos, nem quaisquer benfeitorias jamais a farão esquecer. E por muito que se faça ou que se lhes proveja, os seus habitantes, se não submetidos à divisão ou à dispersão, jamais olvidarão aquela palavra nem aqueles costumes, e, em cada ocasião, sem detença passarão a evocá-los. Assim ocorreu em Pisa, cem anos após ela ter sido sujeita à servidão pelos florentinos".[205]

Ao mesmo tempo que a lei é usada como principal instrumento de preservação do patrimônio e da liberdade do cidadão, é também "ditame da razão do governante, por quem os súditos são governados".[206] Todavia, por mais que se tente justificar que o fim último da razão de um governante é o bem comum ou a felicidade comum, a razão do governante estará sempre voltada para um fim último particular, relativamente a um governo específico. A reflexão colocada por Tomás de Aquino sugere que, se a intenção do legislador volta-se não só para aquilo que é o bem comum, mas para o que lhe for útil ou prazeroso, ou em oposição à justiça divina, então esta lei estaria mais voltada para tornar os cidadãos bons para este governo específico, mas não para os tornarem bons conforme uma virtude voltada para o bem comum. Conseqüentemente, o bem comum seria tornado relativo e poderia ser encontrado inclusive em situações que não são abonadas pela

---

205 *O Príncipe*, tradução de Antonio Caruccio-Caporale, Porto Alegre: L&PM, 1999, p. 26-28.
206 Tomás de Aquino, *Suma Teológica – Tratado sobre a lei – dos efeitos da lei (Questão 92)*. In: Morris, Clarence (org.), *Os Grandes Filósofos do Direito*, São Paulo: Martins Fontes, 2002, p. 57.

sociedade, como a daquele homem que seria chamado de um bom ladrão, porque age de maneira mais condizente ao seu fim.[207]

Parece-nos claro que a lei que veicula a norma anti-elisão visa a um fim último particular, qual seja, a utilidade e o prazer nos moldes do governo que a editou, despreocupado com o bem comum. Na perspectiva de Tomás de Aquino, se a lei é uma regra e uma medida dos atos, em virtude do que o homem é induzido a agir ou é impedido de agir – e o próprio léxico lei (*lex*) deriva de *ligare* (vincular), pois vincula a pessoa a um ato – ao mesmo tempo que a regra e a medida dos atos humanos é a razão, que é o primeiro princípio dos atos humanos, toda lei deve concerner à razão. E a razão jurídica da lei formal, por seu turno, é a razão que já foi manifestada no rol dos valores que constroem e preservam o bem comum, encontrado na Constituição. Nessa senda, tudo *aquilo que é o princípio em qualquer gênero é a regra e a medida desse gênero*.[208] A Constituição é o princípio no gênero das normas; logo, a Constituição é a regra e a medida do gênero das normas.

O Princípio da Legalidade atua como o norte maior da dinâmica tributária brasileira. O cidadão não admite mais práticas arbitrárias dos seus governantes, típicas de ditadores que marcaram a história de diversos Estados. A instituição de tributos não é mais prerrogativa do Poder Executivo, mas dos próprios representantes dos cidadãos, eleitos pelo voto secreto universal, postos em duas casas legislativas responsáveis pelas deliberações e votações das leis. A legalidade impõe uma série de conseqüências imediatas à tributação, dentre elas a tipificação.

---

[207] Tomás de Aquino, *Suma Teológica – Tratado sobre a lei – dos efeitos da lei (Questão 92)*. In: Morris, Clarence (org.), *Os Grandes Filósofos do Direito*, São Paulo: Martins Fontes, 2002, p. 57.

[208] Tomás de Aquino, *Suma Teológica – Tratado sobre a lei – da essência da lei (Questão 90)*. In: Morris, Clarence (org.), *Os Grandes Filósofos do Direito*, São Paulo: Martins Fontes, 2002, p. 51.

Cumpre proceder na breve distinção entre as espécies normativas. Para Josef Esser,[209] princípios são normas instituidoras de fundamentos norteadores da determinação de mandamentos, enquanto as regras são os próprios determinantes da decisão. Karl Larenz definiu os princípios como normas de base para o ordenamento jurídico, responsáveis por carregar fundamentos normativos para a interpretação e aplicação do Direito.[210] Do ponto de vista pragmático, buscam-se estabelecer diretrizes comportamentais para a atividade do intérprete e do aplicador das regras.

O processo aplicativo pode experimentar três dimensões: a comportamental (regra), a finalística (princípio) e/ou a metódica (postulado). As regras são normas responsáveis eminentemente pela descrição dos fatos relevantes ao Direito, com *pretensão de decidibilidade e abrangência*, amparadas por princípios que carregam a finalidade das mesmas e que são axiologicamente superiores, buscando a correspondência entre a hipótese normativa e o fato, mediante análise da correspondência de seus conceitos. Os princípios são *normas finalísticas, prospectivas e com pretensão de complementariedade e de parcialidade*, com a fundamental intenção de apurar os efeitos decorrentes da própria aplicação da regra e a conseqüente mudança no estado de coisas.[211] Princípios são mais do que um suporte para a aplicação das regras, porquanto delimitam a finalidade das mesmas, contribuindo para a tomada de decisões, mediante a escolha de uma ou mais razões em conflito, buscando sempre a realização de um objetivo maior juridicamente relevante.

---

209 *Grundsatz und Norm in der richterlichen Fortbildung des Privatrechts*, Tübingen: Mohr, Siebeck, 4ª tir., 1990, p.51, *apud* Humberto Ávila, *Teoria dos Princípios – da definição à aplicação dos princípios jurídicos*, São Paulo: Malheiros Editores, 2003, p. 31.

210 *Richtiges Recht*, München: Beck, 1979, p. 26, e *Methodenlehre der Rechtswissenschaft*, München: Beck, 6ª ed., 1991, p. 474, *apud* Humberto Ávila, *op. cit.*, p. 32.

211 Humberto Ávila. *Op. cit.*, p. 119.

Os princípios têm um caráter finalístico, podendo ser entendidos como normas que estabelecem uma meta a ser buscada, por meio de comportamentos que devem ser adotados para tal fim. Humberto Ávila assim define os princípios:

> "Os princípios são normas imediatamente finalísticas, primariamente prospectivas e com pretensão de complementariedade e de parcialidade, para cuja aplicação demanda uma avaliação da correlação entre o estado de coisas a ser promovido e os efeitos decorrentes da conduta havida como necessária à sua promoção".[212]

Ao analisar a Constituição brasileira e a Lei Fundamental alemã, o supracitado autor conclui pela necessária relação de complementariedade entre os princípios. Justamente, porque sua função é buscar um estado ideal de coisas, os princípios vinculam-se intensamente entre si, onde tanto em uma quanto em outra constituição há um "dever de buscar ou preservar vários ideais ao mesmo tempo." Quanto à abrangência dos bens jurídicos comportados por cada princípio, o autor prefere a classificação entre sobreprincípios e subprincípios. Os primeiros caracterizam-se por buscar a realização de um ideal mais amplo, que abranja outros ideais mais restritos, como se pode observar com o princípio do Estado de Direito, que estabelece "a busca de um ideal de juridicidade, de responsabilidade e de previsibilidade de atuação estatal, ao mesmo tempo que exige segurança, protetividade e estabilidade para os direitos individuais." Enfim, é um objetivo maior que engloba outros menores – mas não menos importantes – como a segurança jurídica, a separação dos Poderes, a legalidade, a irretroatividade e a boa-fé.[213]

As regras, por sua vez, descrevem um comportamento, permissivo ou proibitivo, mas obrigatório:

> "As regras são normas imediatamente descritivas, primariamente retrospectivas e com pretensão de decidi-

---

212 Humberto Ávila. *Teoria dos Princípios: da definição à aplicação dos princípios jurídicos*. São Paulo: Malheiros, 2003, p. 70.
213 *Sistema constitucional tributário*, São Paulo: Saraiva, 2004, p. 39-40.

bilidade e abrangência, para cuja aplicação exige a avaliação da correspondência, sempre centrada na finalidade que lhe dá suporte ou nos princípios que lhe são axiologicamente sobrejacentes, entre a construção conceitual da descrição normativa e a construção conceitual dos fatos".[214]

Em uma primeira reflexão do conceito proposto por Humberto Ávila, podemos constatar que as regras são normas de observância cogente, aptas a decidir, conforme sua permissividade ou obrigatoriedade. Por outro lado, a aplicação do seu conteúdo material depende da correspondência entre os elementos do fato ocorrido e os elementos da norma, desde que não se desvie da finalidade a que se propõe, finalidade esta veiculada nos princípios que lhe dão suporte e que lhe são hierarquicamente superiores. Assim, o afastamento da subsunção de uma regra a um fato, onde haja a total correspondência entre seus elementos construtivos, só é viável se encontrar fundamento na finalidade a que se propõe, ou seja, nos princípios segundo os quais ela foi erigida. Essas considerações são necessárias para a demonstração da impossibilidade de aplicação de uma norma antielisiva frente à própria finalidade a que se propõe, qual seja, aumentar a arrecadação tributária, através do *combate aos procedimentos de planejamento tributário praticados com abuso de forma ou de direito,*[215] desviando-se dos seus princípios subjacentes, como o subprincípio da tipicidade e o sobreprincípio da segurança jurídica.

Dentre as condições que são postas para a fiel compreensão e correta aplicação das normas jurídicas, os postulados normativos aplicativos, propostos por Humberto Ávila como condições essenciais para a apreensão de um objeto normativo, servem como diretrizes metódicas para a aplicação de outras normas:

---

[214] *Vide* nota n° 168.

[215] Conforme Exposição de Motivos do Ministro da Fazenda Pedro Malan – E.M. n° 820/MF, de 06 de outubro de 1999, referente ao Projeto de Lei Complementar Original n° 77, de 1999, que foi aprovado e convertido na Lei Complementar n° 104, de 2001.

"Os postulados normativos aplicativos são normas *imediatamente metódicas* que instituem os critérios de aplicação de outras normas situadas no plano do objeto da aplicação. Assim, qualificam-se como normas sobre a aplicação de outras normas, isto é, como metanormas. Daí se dizer que se qualificam como normas de segundo grau. Nesse sentido, sempre que se está diante de um postulado normativo, há uma diretriz metódica que se dirige ao intérprete relativamente à interpretação de outras normas. Por trás dos postulados, há sempre outras normas que estão sendo aplicadas. Não se identificam, porém, com as outras normas que também influenciam outras, como é o caso dos sobreprincípios do Estado de Direito ou da segurança jurídica. Os sobreprincípios situam-se no nível das normas objeto de aplicação. Atuam sobre outras, mas no âmbito semântico e axiológico e não no âmbito metódico, como ocorre com os postulados. Isso explica a diferença entre sobrenormas (normas semântica e axiologicamente sobrejacentes, situadas no nível do objeto de aplicação) e metanormas (normas metodicamente sobrejacentes, situadas no metanível aplicativo)".[216]

O Princípio da Legalidade encontra supedâneo no art. 150, I, em conjunto com o art. 5º, I, da Constituição Federal, prevendo a edição de lei ordinária (art. 59 e ss.) para a instituição ou o aumento de tributos, competindo ao Poder Legislativo tal prerrogativa, mediante procedimento legislativo especial. O Poder Executivo deve executar a lei (arts. 76 e ss. e art. 84, IV, ambos da Constituição Federal), por meio da edição de regulamentos executivos, quando necessários à aplicação da lei, que são cumpridos pela ação dos seus agentes, integrantes da administração pública. Sobretudo, a administração tem apenas função executiva, e não legislativa, não podendo questionar ou duvidar da validade da lei, devendo agir rigorosamente dentro dos limites impostos pelos regulamentos executivos.

---

[216] *Sistema constitucional tributário*, São Paulo: Saraiva, 2004, p. 41.

Somente a lei pode criar os tipos tributários, nunca os costumes ou os regulamentos. Cada tipo deve exprimir, por si, todos os seus elementos, que caracterizam o conceito do tributo envolvido. O objeto da tipificação são os próprios elementos essenciais do tributo, enumerados no art. 97 do Código Tributário Nacional.[217] O tipo expõe a regra do *numerus clausus*, através da qual somente valem – nesse caso, para fins específicos da incidência do tributo – as hipóteses taxativamente elencadas, sob a forma de rol fechado, exclusivo. Assim, apenas os fatos previstos na lei ensejam resultados tributários, e os referidos fatos, quando desencadeados, são plenamente suficientes para a perfectibilização do fato gerador. É o chamado Princípio do Exclusivismo. O tipo encerra uma situação jurídica (*verba legis*), que é seu objeto, com sua respectiva valoração, dentro dos princípios da política fiscal pertinente, acompanhado das suas finalidades (*mens legis*).

O Direito opera pela jurisdicização do fático,[218] isto é, uma vez que um determinado fato encontra sua correspondente previsão posta na lei, esta passa a *colorir* o fato, até então *preto e branco*, tornando-o relevante para o Direito. O fato, agora jurisdicizado (*colorido*), precisa ser interpretado, obedecidos seus critérios de validade, para surtir os respectivos efeitos. Ocorre que uma vez que interessa ao Direito o referido fato, ele passa a receber sua guarida, que inclui necessariamente uma interpretação jurídica. A interpretação jurídica é um dos pilares do Princípio da Segurança Jurídica, segundo o qual o cidadão não pode ser surpreendido com inovações legislativas, interpretações e aplicações tendenciosas políticas ou arbitrárias da lei, fora dos moldes previstos nas garantias fundamentais constitucionalizadas e nos limites materiais ao poder de tributar.

---

[217] Alberto Pinheiro Xavier. *Os Princípios da Legalidade e da Tipicidade*, São Paulo: Ed. RT, 1978, p. 71-72, *apud* Sacha Calmon Navarro Coelho, *A Incompatibilidade de Norma Antielisiva com o Sistema Tributário Brasileiro – Análise do Parágrafo Único do artigo 116 do Código Tributário Nacional*, In: 10° Simpósio Nacional IOB de Direito Tributário, 22 e 23 de novembro, São Paulo: 2001, p. 163.

[218] Pontes de Miranda, *apud* Sacha Calmon Navarro Coelho, *op. cit.*, p. 164.

Contrariamente ao pensamento ora sugerido, a norma geral antielisiva traz no seu cerne a interpretação econômica dos fatos, outorgando ao administrador tributário essa prerrogativa, colimando-se sua jurisdicização exatamente segundo a previsão da hipótese de incidência. A idéia é justamente tornar todo e qualquer negócio celebrado, mesmo que permitido ou não proibido pela lei, um espelho de um tipo tributário, cujo reflexo impõe a subsunção do ato/fato à norma e a conseqüente incidência do tributo. A norma busca equiparar a *intentio facti* a *intentio juris*, coibindo a atitude dissimulatória frente aos elementos do fato gerador.

A interpretação econômica do Direito restou positivada na Alemanha desde a RAO de 1919 até meados de 1945, exatamente com o declínio do império nazista, a partir do qual a política nazista começou a ser retirada dos textos legais de forma geral. Segundo a RAO de 1919, o conteúdo econômico era um dos requisitos da interpretação das leis fiscais:

§ 4º. Na interpretação das leis fiscais deve-se ter em conta a sua finalidade, o seu significado econômico e a evolução das circunstâncias.

Por meio da Lei de Adaptação Tributária (StAnpG de 1934), a interpretação econômica teve seu auge na Alemanha, exatamente no início da ditadura de Hitler, munida, dessa vez, de fortíssima conotação política:

§ 1º. Normas tributárias:

1) As leis fiscais devem ser interpretadas segundo as concepções gerais do nacional-socialismo.

2) Para isto deve-se ter em conta a opinião geral, a finalidade, o significado econômico das leis tributárias e a evolução das circunstâncias.

3) O mesmo vale para os fatos.

Nos estudos do Direito Tributário, a legalidade é o maior limitador da atuação da realidade econômica para a criação e incidência dos tributos. Nesse contexto da dinâmica econômica, pautada na movimentação de riquezas, são postos aos cidadãos instrumentos legais para que os mesmos se integrem a esta dinâmica, entre eles, as formas do Direito privado. Quando positivadas, elas *são ou não são* utilizadas pelos seus destinatários, de acordo com seus interesses. Queremos dizer que, para fins legais, a abusividade na sua utilização não passa de um juízo, de uma convicção do administrador fazendário ou do intérprete, tendente a coadunar uma conduta que pode ser lícita – livremente escolhida pelo cidadão, por força de lacuna ou de permissão legal – à conduta tipificada sujeita ao tributo. Entretanto, os elementos essenciais que caracterizam essa abusividade nunca foram dispostos na lei. É uma lesão clara ao Princípio da Legalidade em matéria tributária. A realidade econômica sempre foi e sempre será relevante para fins tributários, mas apenas norteará a atividade tendente à verificação da obrigação tributária quando posta na lei, de forma clara, taxativa e casuística.

Bilac Pinto, ex-ministro do Supremo Tribunal Federal, alertava sobre os riscos de outorgar ao administrador fazendário o poder de substituir a utilização de interpretação diversa da jurídica, pautada na legalidade, impondo insegurança aos contribuintes, mormente em face da possibilidade de aplicação de arbitrariedades. Tal substituição, não custa lembrar, facultava ao fiscal interpretar o ato negocial ou a declaração do contribuinte conforme critérios puramente econômicos, segundo a intenção do agente, ou seja, deixava ao livre e subjetivo critério do fiscal o juízo de validade ou de simulação do ato celebrado.[219]

A utilização da interpretação nos moldes econômicos visava a impedir a utilização das diversas formas do Direi-

---

[219] "A admissão da tese de que as autoridades fiscais podem opor uma apreciação econômica à definição legal do fato gerador ou que lhes é facultado eleger, por meio de critérios econômicos subjetivos, um devedor de imposto diverso daqueles a quem a lei atribui a obrigação de pagar o tributo, equivale a esvaziar o princípio da legalidade do seu conteúdo.
A substituição do critério jurídico, que é objetivo e seguro pelo do conteúdo econômico do fato gerador implica trocar o princípio da legalidade por cânones de insegurança e de arbítrio, incompatíveis com o sistema constitucional brasileiro." (*Estudos de Direito Público*, Rio de Janeiro: Ed. Forense, 1953, p. 56 e ss., *apud* Gilberto de Ulhôa Canto, In: Caderno de Pesquisas Tributárias, Ed. Resenha Tributária, vol. 13, p. 13 e ss, *apud* Sacha Coelho, *op. cit.*, p. 166.)

to privado, postas à livre disposição dos cidadãos, ferindo frontalmente a legalidade. Casos houve em que o Fisco equiparou o contrato de *leasing* (arrendamento mercantil) à compra e venda a prazo, para fins de incidência de imposto de renda. Verdade seja dita que, mediante o contrato de *leasing,* o domínio da coisa permanece com o arrendador, não havendo qualquer aquisição patrimonial por parte do arrendatário – vez que somente recebe a posse direta do bem – e, conseqüentemente, não há acréscimo patrimonial ou ganho de renda ou provento de qualquer natureza, não incidindo o imposto. Entretanto, tal opção de aquisição da propriedade do bem só será manifestada quando do término do pagamento da última prestação pactuada e mediante o pagamento do valor residual garantido. Assim, não pode o Fisco presumir que a intenção foi de comprar o bem, se é facultado ao arrendatário, se é colocado a sua livre disposição, a opção de manter um contrato de locação até o término das prestações.[220]

De outro ângulo, esta equiparação é clara utilização da analogia, vedada expressamente pelo ordenamento tributário brasileiro. Encarar o *leasing* à compra e venda a prazo é interpretar por analogia um negócio jurídico com a finalidade de viabilizar a incidência do tributo e, o que é mais grave, impor arbitrariamente ao contratante uma conduta tipificada pela lei tributária, em situação em que lhe são apresentadas outras opções, todas lícitas, de manifestar sua liberdade contratual, não tipificadas na lei tributária. Ou seja, desde que nos moldes legais, o contribuinte não está obrigado a adotar a forma mais onerosa para o seu negócio, pelo contrário, está *obrigado,* ética e profissionalmente, a adotar a forma que mais lhe reduza custos e lhe aumente lucros, sob pena de aumentar sua constrição patrimonial e reduzir sua liberdade.

Deve prevalecer o respeito ao sistema tributário nacional, pautado na legalidade estrita, dentro de uma conjuntura positiva fechada, que não permite qualquer interpretação subjetiva no trato do Fisco com o indivíduo.

---

[220] Sacha Coelho. *Op. cit.,* p. 167.

O Princípio da Capacidade Contributiva, segundo o qual pessoas em mesmo patamar econômico devem pagar o tributo na mesma quantidade, serve para que o operador do Direito possa valer-se da interpretação econômica das situações fáticas, posto que a verdadeira intenção do legislador é o conteúdo econômico da norma tributária. Entretanto, defrontamo-nos com planos de análise completamente distintos, dentre os quais o da elisão, o qual não oferece guarida a este princípio, toda vez que se procura viabilizar a constitucionalidade e a legalidade da norma geral antielisiva.

O confronto com aqueles que justificam a viabilidade da utilização da norma antielisão com base no Princípio da Capacidade Contributiva é travado com fundamento em um princípio mais importante no âmbito da elisão, que é o Princípio da Certeza das Relações Jurídicas. Este princípio é sustentado com prescindência da manifestação da vontade das partes, porquanto deriva da própria lei.

Outro efeito muito relevante da legalidade tributária é o da impossibilidade de interpretação extensiva dos textos legais. O fiscal tributário, na ânsia de buscar maior funcionalidade à intenção do legislador, lança mão da interpretação segundo a realidade econômica, colimando apurar a *intentio facti* e a *intentio juris*, ampliando, na maioria das vezes, o alcance da norma. Ocorre que sabemos que deve imperar a tipicidade na atividade interpretativa, nítida controladora de qualquer tentativa de ampliar-se o espectro da norma. Continua valendo a máxima jurídica segundo a qual o texto quando é claro e autoexplicativo, não precisa ser interpretado, mas apenas observado (*in claris cessat interpretatio*). Por outro lado, sabe-se que o intérprete deve buscar os fundamentos nos princípios constitucionais e legais, que são normas de hierarquia superior e de observância obrigatória em qualquer leitura ou interpretação.

A apuração da *intentio facti* e da *intentio juris*, segundo o que foi exposto até então no âmbito da legalidade estrita, somente pode encontrar guarida, colimando a simulação, quando realizada com base no *numerus clausus* do art. 167

do Código Civil (art. 102 do antigo Código Civil), que indicam, taxativamente, as hipóteses de simulação.[221] Curioso observarmos que não há qualquer hipótese que preveja a vontade de evitar ou reduzir o tributo como simulação.

A norma geral antielisão nada vem a acrescentar no sistema de Direito pátrio, se interpretada conforme a Constituição e aplicada apenas aos casos em que seja evidenciado o abuso de direito. A jurisprudência já manifestava repúdio aos atos ou negócios em tais situações, inclinando-se pela desconsideração dos mesmos. Entretanto, se a norma for interpretada no amplo alcance dos moldes em que foi redigida, conferindo à autoridade administrativa o arbítrio para desqualificar qualquer ato ou negócio apenas porque a sua manifestação final poderia estar contida em uma situação mais onerosa no âmbito tributário, assim estaria ferindo diretamente o Princípio da Legalidade e não se coadunando com a própria norma do *caput* do art. 116, inciso I, do Código Tributário.[222]

Portanto, a legalidade é imbatível e intransponível, seja pelo contribuinte, seja pelo Fisco, seja especialmente pelo Poder Judiciário. Acima de sua própria essência, de sua própria razão de existir, a legalidade enseja outro importante princípio fundamental, que é o Princípio da Segurança Jurídica, sem o qual o cidadão viveria em constante aflição e ansiedade, temeroso quanto à realização de qualquer negócio, visto que imprevisíveis seus efeitos ju-

---

[221] "Art. 102. Haverá simulação nos atos jurídicos em geral: I – Quando aparentarem conferir ou transmitir direitos a pessoas diversas das a quem realmente se conferem, ou transmitem; II – Quando contiveram declaração, confissão, condição, ou cláusula não verdadeira; III – Quando os instrumentos particulares forem antedatados, ou pós-datados."
"Art. 167. É nulo o negócio jurídico simulado, mas subsistirá o que se dissimulou, se válido for na substância e na forma. § 1º Haverá simulação nos negócios jurídicos quando: I – Quando aparentarem conferir ou transmitir direitos a pessoas diversas daquelas as quais realmente se conferem, ou transmitem; II – Quando contiveram declaração, confissão, condição, ou cláusula não verdadeira; III – Quando os instrumentos particulares forem antedatados, ou pós-datados. § 2º Ressalvam-se os direitos de terceiros de boa-fé em face dos contraentes do negócio jurídico simulado."
[222] Hugo de Brito Machado, *Os Princípios Jurídicos da Tributação na Constituição de 1988*, 4ª ed., São Paulo: Dialética, 2001, p. 56.

rídicos. Além disso, por uma razão que integra a moral dos contribuintes, sempre haverá a busca por uma solução negocial menos onerosa, em especial do ponto de vista tributário. Certa vez, disse Jerome Hellerstein que *todo contribuinte tem o direito legal e moral de não pagar mais imposto do que aquele que o Congresso o exige sob a lei do Estado.*[223]

4.6.4.2. A Proibição da Analogia

Cumpre analisarmos brevemente o contexto que envolve o liberalismo econômico no âmbito constitucional, para fins da viabilidade de uma norma geral antielisiva. O liberalismo é fruto de um processo, iniciado com o forte descontentamento do homem frente à estrutura absolutista dos séculos XVII e XVIII, que impedia a intervenção do particular na economia e, por conseguinte, a produção de riqueza por iniciativa do próprio capital privado. O racionalismo, atrelado ao liberalismo de Adam Smith, culminava por indicar uma nova estrutura que passaria a perdurar até os dias de hoje: o capitalismo.[224]

O artigo 174, *caput*, da Constituição, procurou, ao conferir ao Estado funções de legislador e regulador da atividade econômica, estabelecer um contexto socioeconômico onde a sociedade pudesse ter autonomia suficiente para se emancipar de modo geral do Estado, através do provimento de um *ambiente econômico minimamente desenvolvido*, a partir dos próprios princípios e objetivos dispostos no seu texto. Este provimento deve vir através

---

[223] "Every taxpayer has a legal and moral right to pay no more tax than Congress requires of him under the law of the land." In: Sacha Coelho, *op. cit.*, p. 171.

[224] "Segundo as regras do pensamento econômico liberal, o Estado deveria assumir os deveres de legislar, gerir o próprio patrimônio, prover às suas despesas, proteger a sociedade da invasão e violência externa, proteger um membro da sociedade da opressão do outro, garantir o rigor na administração da justiça, erigir e manter certas obras e serviços que, necessários sob o ponto de vista da sociedade, jamais conseguiriam, em razão de sua natureza, compensar economicamente os esforços empreendidos por um particular ou grupo de particulares." In: Paulo Henrique Rocha Scott. *Direito Constitucional Econômico – Estado e Normalização da Economia*, Porto Alegre: 2000, Sérgio Antônio Fabris Editor, p. 40.

do planejamento, como um meio racional para viabilizar a normalização da atividade econômica.[225]

Estabeleceu a Carta Magna valores fundamentais de liberdade de auto-organização, de celebração de contratos, valores sociais do trabalho e da livre iniciativa, busca pelo pleno emprego, livre concorrência e livre exercício de toda atividade econômica, independentemente de autorização de órgãos públicos, salvo previsão legal.[226] Assim, liberdade econômica implica a possibilidade de escolha, dentro dos moldes legais permissivos e não-proibitivos, das formas de organização da atividade econômica empreendida pelo particular, segundo opções negociais oferecidas pela própria lei, desprovida de qualquer intenção dissimulatória.[227] Esta liberdade encontra óbice nos princípios e nos tipos legais, encontrados no Direito Penal e no Direito Tributário, de tal forma que, *a contrario senso*, sempre que a conduta juridicamente relevante estiver amparada por princípio – norma de fundamento superior – e não for enquadrada no tipo, seja como crime ou como hipótese de incidência, ela é válida para fins de elisão.

Os princípios e os tipos servem também para trazer segurança ao cidadão nos seus atos. Os tipos, por seu turno, devem ser fechados para fins penais e tributários, abarcando situações e conceitos completos, exaurientes e irredutíveis, esgotados pelo legislador.[228] O *Princípio de Fuerbach*, disposto no art. 1º do Código Penal – *nullum crimen, nulla poena, sine lege* – é igualmente válido no âmbito da tributação, ao ponto de impedir, de vedar, qualquer atividade integrativa de ato ou negócio extratípico com o regime tributário de um negócio típico.

A analogia, foco do presente tópico, pressupõe um modelo e sua imitação regular, sendo que uma forma resultante da atividade analógica é resultado de uma ima-

---

[225] *Op. cit.*, p. 195.
[226] Vide artigos 1º, IV, e 170, IV, VIII e parágrafo único, da Constituição Federal.
[227] Sacha Coelho, *op. cit.*, p. 171.
[228] Idem, p. 172.

gem de uma ou de várias outras segundo uma regra determinada.[229]

O tipo afasta a integração, impedindo a aplicação analógica da lei tributária, diversamente do que ocorre em outros países, conforme podemos verificar:

a) Na Alemanha, conforme já visto, a pretensão ao imposto surge como tivesse sido adotada a forma tipificada;[230]

b) Em Portugal, a tributação também recai sobre o ato intencionado, mesmo não sendo o ato resultante típico;[231]

c) Na Argentina, a interpretação deve ser feita com base na significação econômica das leis, o que significa desconsiderar as formas jurídicas inapropriadas empregadas pelos particulares para fraudar o Fisco;[232]

---

[229] "L' analogie suppose un modèle et son imitation régulière. Une forme analogique est une forme faite à l'image d'une ou plusieurs autres d'après une règle déterminée." (In: Ferdinand de Saussure. *Cours de Linguistique Générale*, Payot, Paris: Boulevard Saint-Germain, 1972, p. 221.

[230] "Art. 42. A lei tributária não pode ser contornada por meio de abuso de formas jurídicas. Sempre que ocorrer abuso, a pretensão do imposto surgirá, como se para os fenômenos econômicos houvesse sido adotada a forma jurídica adequada." In: Sacha Coelho, p. 172.

[231] "Art. 33 da Lei Geral Tributária. São ineficazes os actos ou negócios jurídicos quando se demonstre que foram realizados com o único e principal objetivo de redução ou eliminação de imposto que seriam devidos em virtude de actos e negócios jurídicos de resultado econômico equivalente, caso em que a tributação recai sobre estes últimos." In: Sacha Coelho, p. 172.

[232] Héctor Villegas considera a interpretação econômica do Direito em termos de fraude à lei, segundo análise feita por César A. Guimarães Pereira (In: *Elisão Tributária e Função Administrativa*, São Paulo: Dialética, 2001, p. 130). Afirma Villegas que a legislação argentina conta com os arts. 11 e 12 da Lei 11.683, *in verbis*: "Art. 11 – En la interpretacion de las disposiciones de esta ley o de las leyes impositivas sujetas a su régimen, se atenderá al fin de las mismas y a su significación económica. Sólo cuando no sea posible fijar por la letra o por su espíritu, el sentido o alcance de las normas, conceptos o términos de las disposiciones antedichas, podrá recurrirse a las normas, conceptos y términos del derecho privado.
Art. 12 – Para determinar la verdadera naturaleza del hecho imponibile se atenderá a los actos, situaciones y relaciones económicas que efectivamente realicen, persigan o establezcan los contribuyentes. Cuando éstos sometan esos actos, situaciones o relaciones a formas o estructuras jurídicas que no sean manifestamente las que el derecho privado ofrezca o autorice para configurar adecuadamente la cabal intención económica y efectiva de los contribuyentes, se prescindirá en la consideración del hecho imponible real, de las formas y estructuras jurídicas inadecuadas, y se considerará la situación económica real como

d) Na Itália, foi editada uma norma contra a obtenção de vantagens tributárias, em operações de fusão, concentração, transformação, incorporação e redução de capital, mediante meios fraudulentos e sem válidas razões econômicas;[233]

e) Na Espanha, a analogia é aplicada sem restrição, na medida em que, se há a constatação de simulação, haverá a incidência da norma tributária sobre o fato intencionado pela partes, independente das formas ou denominações utilizadas;[234]

f) Na França, a administração fiscal também pode validar a verdadeira característica do ato/negócio intencionado pelas partes, mas não demonstrado, toda vez que for constatada dissimulação que objetive evitar ou reduzir o imposto;[235]

---

encuadrada en las formas o estructuras que el derecho privado les aplicaría com independencia de las escogidas por los contribuyentes o les permitiría aplicar como las más adecuadas a la intención real de los mismos." (In: César A. Guimarães Pereira, *op. cit.*, p. 131).

Sacha Coelho alude ao artigo 1° da mesma lei, oferencendo sua tradução: "Na interpretação das disposições das leis impositivas se atenderá ao fim das mesmas e a sua significação econômica." (In: *Op. cit.*, p. 172.

[233] Trecho do art. 10 da Lei n° 408/90: "è consentito alla amministrazione finaziaria disconoscere ai fini fiscali la parte di costo delle partecipazioni sociali sostenuto e comunque i vantaggi tributari conseguiti in operazioni di fusioni, concentrazione, trasformazione, scorporo e riduzione di capitale poste in essere senza valide ragioni economiche ed allo scopo esclusivo di ottenere fraudolentamente un risparmio di imposta." In: Silvia Cipollina, *La legge civile e la legge fiscale – il problema dell'elusione fiscale*, Padova: Cedam, 1992, *apud* César A. Guimarães Pereira, *Elisão Tributária e Função Administrativa*, São Paulo: Dialética, 2001, p. 107. A regra foi modificada em 1994 pela Lei n° 724 e em 1997 pelo art. 37-bis do Dpr 600, na redação do decreto legislativo delegado n° 358, de outubro de 1997 (César Pereira, *op. cit.*, nota 389, p. 107). Dispõe ainda o art. 1.344 do Código Civil italiano que "é ilícita a causa quando o contrato constituir meio para elidir a aplicação de uma norma imperativa" (Idem, p. 110).

[234] Segundo o art. 25 da Lei Geral Tributária, alterado em 1995, *in verbis* : "En los actos o negocios en los que se produzca la existencia de simulación, el hecho imponible gravado será el efectivamente realizado por las partes, con independencia de las formas o denominaciones jurídicas utilizadas por los interesados." (In: Juan Martín Queralt e outros, citados por César A. Guimarães Pereira, *op. cit.*, p 113)

[235] É o que diz o art. L 64 do *Livre des Procédures Fiscales*, *in verbis*: " Ne peuvent être opposés à l'administration des impôts les actes qui dissimulent la portée véritable d'un contrat ou d'une convention à l'aide de clauses:
a) Qui donnent ouverture à des droits d'enregistrement ou à une taxe de publicité foncière moins élevés;

g) No Direito Anglo-Saxão, não há disposição de lei sobre a *tax evasion* e sobre a *tax avoidance*. Tanto nos Estados Unidos como no Reino Unido, a matéria foi desenvolvida em princípios, através de precedentes jurisprudenciais (*case law*). No Direito norte-americano, foram criadas as doutrinas da *business purpose* e da *step transactions*;[236]

No Brasil, os Princípios da Legalidade e da Tipicidade são normas máximas proibitivas da utilização da analogia ou da interpretação econômica. Por ocasião do julgamento da ADIn 939-7,[237] o Ministro Carlos Velloso apontou alguns princípios constitucionais lesados com a Emenda nº 3, dentre eles o da anterioridade (art. 150, III, "b"), o da legalidade (art. 150, I) e o da *imunidade intergovernamen-*

---

b) Ou qui déguisent, soit une réalisation, soit un transfert de bénéfices ou de revenus;

c) Ou qui permettent d'éviter, en totalité ou en partie, le paiment des taxes sur le chiffre d'affaires correspondant aux opérations effectuées en exécution d'un contrat ou d'une convention.

L'Administration est en droit de restituer son véritable caractère à l'opération litigieuse. Si elle s'est abstenue de prendre l'avis du comité consultatif pour la répression des abus de droit ou ne s'est pas rangée à l'avis de ce comité, il lui appartient d'apporter la preuve du bien-fondé du redressement." (In: *Code Général des Impôts – Livre des Procédures Fiscales*, Dalloz, 1999, p. 293/310, *apud* César A. Guimarães Pereira, *op. cit.*, p. 119).

[236] A doutrina da *business purpose* foi enunciada inicialmente no caso célebre Gregory v. Helvering (293 US 465, 79 L. ed. 596 (1935), no qual a Suprema Corte interpretou a aplicação de um dispositivo legal que permitia um tratamento beneficiado tributariamente quando caracterizada uma reorganização empresarial. A Corte entendeu que não houve um real interesse negocial (*business purpose*) no negócio celebrado por Gregory, culminando por não enquadrá-lo na referida disposição legal, ou seja, não havia intenção de reorganização empresarial, mas sim de evitar o imposto.

Segue um trecho do voto do juiz: "In these circumstances, the facts speak for themselves and are susceptible of but one interpretation. The whole undertaking, though conducted according to the terms of subdivision (B), was in fact an elaborate and devious form of conveyance masquerading as a corporate reorganization, and nothing else. The rule which excludes from consideration the motive of tax avoidance is not pertinent to the situation, because the transaction upon its face lies outside the plain intent of the statute. To hold otherwise would be to exalt artifice above reality and to deprive the statutory provision in question of all serious purpose." (79 L. ed. 599) In: César A. Guimarães Pereira, *op. cit.*, p. 124-125.

[237] A ADIn 939-7 discutia a inconstitucionalidade da Emenda Constitucional nº 3, que conferia à União legitimidade para instituir o IPMF – Imposto Provisório sobre Movimentação Financeira.

tal recíproca (art. 150, VI, "a"), que é garantia da federação. No seu voto, esclareceu que as garantias fundamentais dos contribuintes não são apenas aquelas previstas pelo art. 5º da Constituição, mas sim todas as demais garantias que encontramos espalhadas por todo o texto constitucional, as individuais, as sociais, os direitos atinentes à nacionalidade e os direitos políticos, dentre outros, todos assim entendidos como direitos fundamentais. Além disso, o próprio § 2º do art. 5º estabelece que *os direitos e garantias expressos na Constituição não excluem outros decorrentes do regime e dos princípios por ela adotados, ou dos tratados internacionais em que o Brasil seja parte.* Conclui que, por força do art. 60, § 4º, I, não é possível prosperar a referida emenda, visto que plenamente tendente a modificar ou abolir alguns dos direitos e garantias fundamentais.[238]

Acompanhamos o voto comentado, manifestando a pertinência da conclusão de Sacha Coelho acerca das cláusulas pétreas. Se as disposições elencadas nos quatro incisos do § 4º do art. 60 são intocáveis pelo Poder Constituinte Reformador, então os direitos e as garantias individuais também o são. Logo, se além dos direitos e das garantias do art. 5º também devemos incluir outros espalhados pela Constituição, que recebem a mesma rotulagem, devemos concluir que as garantias do capítulo constitucional da tributação também são cláusulas pétreas.[239]

O Direito italiano admite o emprego da analogia para a aplicação das leis tributárias em situações em que há necessidade de recorrência, de maneira mais ou menos explícita, com fins de preencher uma evidente insuficiência do texto da lei. Os tribunais administrativos italianos

---

[238] O Ministro ainda expõe que o Poder Constituinte Originário teve de precaver-se de apressadas mudanças no texto constitucional, principalmente aquelas fruto das conveniências e pressões políticas, dispondo, com destaque, que os direitos e as garantias individuais são inatingíveis pelo Poder Constituinte Reformador. Cita ainda a Constituição norte-americana, de 1797, que até a data do julgamento da referida ADIn, tinha apenas 26 emendas (In: Sacha Coelho, *op. cit.*, p. 172-173).

[239] Idem, p. 173.

freqüentemente utilizam-se, por extensão analógica, das normas do processo civil no processo tributário administrativo.[240]

A analogia é o único instrumento apto a atingir a prática elisiva. Quando a autoridade administrativa se depara com o ato/negócio jurídico não previsto na hipótese de incidência do tributo, não lhe é possibilitado o lançamento, visto que não há a atuação da regra sobre o fato, o que impede o nascimento da obrigação tributária, visto que não há fato gerador da mesma. Portanto, a única forma de ser viabilizado o fato gerador, neste caso caracterizado como suplementar – ou *fattiespecie surrogatorie*, conforme visto anteriormente – é fazendo-se a aplicação da analogia, mediante atividade cognitiva de presunção de ocorrência do fato gerador. Entretanto, observamos que a analogia encontra forte barreira na tipicidade fechada dos fatos geradores, descritos exclusivamente pelo legislador. A simulação, por sua vez, pode ser desconsiderada pela autoridade fazendária.

Adentrando no prisma da finalidade do ato – *business purpose* – há que se colocar que a atividade empresarial depende da viabilização de diversos objetivos, atrelados ao cerne de sua sobrevivência com a maximização dos lucros e a minimização das despesas. Mais do que um simples instrumento da produção ou da prestação de serviços, a economia lícita de tributos é um objetivo empresarial, que encontra amparo na própria ordem econômica constitucional, mormente no seu art. 170, que garante ao empreendedor da atividade econômica a livre iniciativa, buscando assegurar a todos uma vida digna, pautada nos princípios da livre concorrência e da busca pelo pleno emprego. Além disso, ao empreendedor é assegurado o livre exercício de qualquer atividade econômica, independentemente de autorização dos órgãos públicos, com ressalva para os casos previstos na lei.

---

[240] Ezio Vanoni. *Op. cit.*, p. 325.

Toda essa liberdade faculta ao cidadão optar dentre as possibilidades que lhe são apresentadas pelas formas do Direito privado, de forma que essas opções são nitidamente instrumentos necessários para que se realize a ordem econômica nacional nos moldes principiológicos expostos pelo próprio texto constitucional. Não obstante, são fundamentos da República Federativa do Brasil o valor da livre iniciativa e o valor social do trabalho, nunca olvidando do seu objetivo fundamental de construir uma sociedade livre, justa e solidária, e garantir o desenvolvimento nacional.

Poder-se-ia cogitar da utilização do argumento segundo o qual o juiz não pode negar-se de sentenciar em virtude da lacuna ou obscuridade da lei, devendo valer-se dos princípios gerais do Direito, da eqüidade e da analogia. Essa seria a solução mais cômoda para o *Estado-arrecadador* legitimar sua atuação na aplicação da norma que busca exterminar a prática elisiva, na medida em que imporia ao Judiciário o dever processual de prestar o provimento judicial frente ao litígio provocado em torno do ato/negócio fiscalizado, colimando adequá-lo – mediante atividade cognitiva de presunção – a outro fato gerador que não o realizado, como se todo e qualquer ato jurídico estivesse necessariamente correlacionado a algum conceito normativo tributário e, por conseguinte, apto a ensejar o surgimento de obrigação tributária.

Proceder a presunções para se atribuir a negócios extratípicos a mesma incidência normativa prevista nos negócios típicos encontra amparo no art.109 do CTN. Ocorre que esta norma possibilita ao legislador que crie presunções relativas (*juris tantum*) para o enquadramento de situação fática – resultante de esforço de apuração dessa situação como relevante para fins tributários, dentro do contexto da política fiscal – ainda não prevista legalmente. Por óbvio que o referido enquadramento somente é possível mediante aprovação legislativa, o que impede o administrador fazendário de conferir efeitos fiscais a negócio extratípico. Eventual ato de lançamento nestes moldes, apesar de gozar de presunção de legitimidade, não é isento da motivação legal, da razoabilidade e da proporcionalidade.[241]

No entanto, é vedada a integração analógica no nosso ordenamento, tanto no âmbito penal como no tributário. Apenas duas são as soluções diante da obscuridade demonstrada no caso concreto dentro de nosso sistema principiológico: *in dubio pro reo* ou contribuinte, ou negativa de aplicação da norma em respeito ao Princípio da Tipicidade, visto que a lei tributária que é vaga é inaplicável.[242] Como norma positivada, temos em pleno vigor o § 1º do art. 108 do CTN, que dispõe que *o emprego da analogia não poderá resultar na exigência de tributo não previsto em lei.*

A tentativa de impedir a prática da elisão mediante atividade de aplicação analógica por parte do administrador fazendário encontra outro óbice gravíssimo. Trata-se da impossibilidade jurídica de delegar o poder da aplicação analógica ao fiscal, por ser manifesta outorga de poderes implicitamente legislativos ao aplicador da norma.[243]

Parece-nos que o Estado não está preocupado em assentar sua atuação legislativa e arrecadatória dentro de uma postura ética que seja esperada pela sociedade. A produção legislativa está longe de demonstrar respeito às principais garantias do Estado Democrático de Direito, o que impede que sejam provocados reparos morais na conduta dos contribuintes. Pelo contrário, essa mentalidade só faz com que os cidadãos percam cada vez mais sua consciência social, aumentando o descrédito pelas instituições políticas.

---

[241] Sacha Coelho, *op. cit.*, p. 177-178.

[242] Idem, p. 174.

[243] "A elisão tributária, em sua incidência genérica, é insuscetível de corretivo adequado, constituindo-se em falha inerente a todo o sistema tributário juridicamente estruturado; a teoria da interpretação econômica, proposta como solução, deve ser rejeitada, porquanto implica delegar poderes virtualmente legislativos ao aplicador da norma. A utilização das formas de Direito privado para a obtenção de vantagens tributárias deve ser analisada, em sua legitimidade jurídica, à luz dos conceitos informadores da figura da simulação e não segundo a teoria dos abusos da forma" (In: Sampaio Dória. *Op. cit.*, p. 141-142).

Conclusões

A Ciência das Finanças, concentrada sob o tríplice ponto de vista econômico, político e social, nunca teve seu posto alçado em relevo condizente a sua importância para a análise dos fenômenos tributários, o que sempre impôs, ao longo dos tempos, a consideração de muitos conceitos e institutos sob um caráter estritamente formal, em detrimento dos aspectos substanciais de seus respectivos fenômenos.

A substancialidade dos fenômenos jurídicos é o principal foco da análise no âmbito dos procedimentos que visam a averiguar os casos de elisão, de evasão, de fraude e de sonegação. As tentativas, ao longo da história do Direito Tributário, de equiparar-se a *intentio facti* a *intentio júris*, perduram até os dias de hoje, colimando-se apurar os verdadeiros efeitos econômicos dos atos jurídicos. Em verdade, essa equiparação é uma das etapas da interpretação econômica no Direito Tributário, utilizada livremente em algumas comunidades jurídicas como atividade cotidiana da fiscalização, amplamente avalizada pelos respectivos poderes judiciários.

A teoria interpretativa das normas tributárias, que preconizava a leitura literal ou estrita, perdurou desde após a Revolução Francesa e durante todo o século XIX, sendo encarada pela doutrina liberal como um direito excepcional. A lei deveria ser interpretada na sua literalidade, no rigorismo de suas palavras, porquanto somente seria permitido ao Estado exigir tributos para situações expressamente elencadas na norma. Entretanto, não se aceita mais um sistema jurídico que imponha aos seus destinatários uma obediência cega a um conjunto único de regras, sem que as mesmas não tenham um suporte válido de fundamentos para sua aplicabilidade. Pode parecer trivial que a pertinência completa dos elementos do fato aos elementos da regra leve à aplicação imediata da regra, mais precisamente, à imediata subsunção do fato à hipótese de incidência, proporcionando o surgimento da obrigação tributária. Todavia, o sistema constitucional tributário brasileiro não comporta mais essa estrutura de realização do Direito, vinculando a pragmatização das regras a uma relação coerente com seus fundamentos de validade, dentre eles os princípios constitucionais que materializam garantias fundamentais, intocáveis inclusive pelo Poder Constituinte Reformador.

A coerência dos critérios adotados por Humberto Ávila para a classificação das normas, dissociando-as em um plano concreto e em um plano abstrato, apresenta-se extremamente importante para demonstrarmos a inviabilidade da interpretação econômica no Direito pátrio. A noção de prevalência para o caso de conflito, impondo uma contraposição entre normas, o que perpassa pela eleição de uma regra concreta, que permita declinar pela preferência de uma outra razão dentre as conflitantes, faz com que haja uma norma mais válida do que a outra para caso concreto, levando à utilização de um critério de exclusão ou afastamento. A possível existência de um caráter imanente ou definitivo de hierarquia entre as normas dentro do sistema, em uma relação de superioridade e inferioridade, impõe a necessária obediência de uma norma frente à outra, mormente quando uma encontra seu fundamento de validade na outra.

A chamada norma geral antielisiva brasileira, veiculada no parágrafo único do artigo 116 do Código Tributário Nacional, traz uma série de conflitos para os operadores do Direito. De um lado, a manifestação clara do Estado, preocupado em combater o planejamento tributário lícito, justificando-se com a sua meta de aniquilar os atos realizados com abuso de direito ou abuso de forma, desconsiderando atos ou negócios jurídicos dissimulados ou que alterem os elementos da obrigação tributária, enfim, buscando mais uma ferramenta para aumentar a arrecadação. De outro lado, o cidadão contribuinte, que sonha com maior segurança jurídica nas suas relações privadas e públicas, preocupado em não se submeter a surpresas da legislação, que venham a afrontar sua garantias mais fundamentais, mormente as que lhe assegure a liberdade e a propriedade.

A preocupação do homem em preservar sua liberdade e sua propriedade já remonta à Idade Média. O antigo registro histórico de que se tem conhecimento hoje, trazido por Bártolo de Sassoferrato, conta a exigência imposta aos mercadores que vendiam seus objetos em uma praça. Frente à obrigação de pagar uma taxa pelo uso do solo municipal, alguns caçadores, com a intenção de negociar suas peles, não as colocavam no chão, para que não pagassem a taxa. O ato de mantê-las nos braços, com intuito de não usar o chão da praça, foi paradigmático para a configuração da prática elisiva. Notadamente, fora um caso típico em que não ocorrera a subsunção do fato à norma, não havendo fato gerador da obrigação tributária.

A norma geral antielisiva encontra enorme influência da doutrina do nacional-socialismo alemão. A diretriz financeira do Terceiro Reich trouxe reformas drásticas no sistema tributário alemão, em especial com o aperfeiçoamento da interpretação econômica dos atos e dos negócios jurídicos. A reforma tributária alemã de 1934 (*Steueranpassungsgesetz*), apesar de conseguir proporcionar a contribuição de transformar a teoria da interpretação econômica para a teoria do abuso das formas e do abuso do direito, terminou por incluir uma cláusula de âmago nitidamente político no ordenamento tributário, segundo a qual as leis fiscais deveriam ser interpretadas de acordo com as concepções gerais do nacional-socialismo.

As contribuições teóricas de Blumenstein foram fundamentais para a melhor compreensão do fenômeno da elisão e do abuso das formas jurídicas. Constatou que a intenção do legislador foi de prever hipóteses de incidência e hipóteses de incidência suplementares para o surgimento da obrigação tributária, definindo exatamente a hipótese de incidência relevante para o Direito Tributário e, em havendo diferente conotação da prevista na hipótese de incidência, indicando outra hipótese, cuja subsunção do ato ou do fato à norma deveria ter os mesmos efeitos jurídicos daquela. Em verdade, a indicação da hipótese suplementar para a obrigação tributária vem totalmente ao encontro da tipicidade fechada, na medida em que traz para dentro da norma outras hipóteses de incidência tributária, as quais, em tese, representariam a verdadeira intenção dos agentes da relação jurídica, ocultada por outro resultado. Entretanto, a teoria de Blumenstein não encontra suporte para sua pragmatização no sistema jurídico pátrio, porquanto afronta a liberdade comercial e econômica dos particulares, que são livres para optar entre as vias que lhe são oferecidas pelo sistema.

Ressalva seja feita aos estudos de Hensel, em especial quanto à impossibilidade do legislador de prever todas as formas típicas de elisão. Toda e qualquer manifestação legislativa tendente à proteção contra a elisão nunca seria suficientemente adequada à conjuntura legislativa na Alemanha do período posterior a 1919. Mesmo com intensa produção legislativa tributária na época, nunca poderiam prever todos os casos de planejamento tributário. O verdadeiro sentido da *Steuerumgehung*, conforme bem postulou o doutrinador germânico, era o de *evitar* ou de *contornar* o tributo, buscando organizar-se de tal forma que o fato gerador, ao qual é ligada a lei tributária, não fosse realizado.

Nesse ponto reside o maior equívoco do legislador brasileiro, que positivou uma norma que, na letra do seu dispositivo legal, visa a desconstituir atos ou negócios jurídicos com a finalidade de dissimular a ocorrência do fato gerador do tributo ou a natureza dos elementos constitutivos da obrigação tributária. Fica nítido o caráter anti-simulatório da norma que, na verdade, visa a aniquilar a simulação relativa. De norma antielisiva nada tem. A exposição dos motivos da Lei Complementar n° 104/2001, apesar de deixar claro que a norma positivada no parágrafo único do artigo 116 do Código Tributário Nacional tinha a intenção de combater o planejamento tributário, realizado mediante o abuso de direito e o abuso das formas, não subsiste juridicamente. A confusão manifestada nos institutos jurídicos invocados na exposição, colocados sem qualquer critério científico, mostra claramente que o Poder Executivo tentou acabar de vez com todas as vias lícitas de atuação econômica do contribuinte. No entanto, sua tentativa culminou em um dispositivo que combate a simulação, cujas regras já existiam no Código Tributário e no Código Civil. A norma, no seu aspecto finalístico, é totalmente inócua. Além disso, depende de procedimentos a serem estabelecidos em lei ordinária, que até o momento ainda não foi publicada.

A segurança jurídica é realizada por meio da obediência às garantias constitucionais do contribuinte, que passam obrigatoriamente pelas limitações constitucionais ao poder de tributar. Surge, nesse ponto, a supremacia da legalidade em matéria tributária, que tem como consequências imediatas a necessidade de efetivação da tipicidade fechada, que traz a taxatividade para as hipóteses de incidência, e a proibição da tributação por analogia. Nunca se olvide da liberdade de atuação dentro da ordem econômica e comercial, sempre atrelada aos limites impostos pela lei.

O ordenamento tributário nacional, desde o advento da Constituição Federal de 1988, transformou-se em um *sistema* tributário constitucional. E é justamente essa idéia de *sistema* que traz um caráter imanente de interpretação da legislação tributária em conformidade não apenas com o capítulo constitucional do sistema tributário nacional, mas com todo o texto constitucional. O processo de efetivação do Direito impõe que as normas sejam concretizadas a partir de uma metódica amparada em valores maiores da Constituição. As regras jurídicas, por sua vez, perdem suas eficácias quando colidem com os fundamentos que lhes conferem sustentação, manifestados nos princípios. E é precisamente o modelo de interpretação em conformidade com todo o texto constitucional que nega a validade da interpretação econômica no Direito Tributário brasileiro.

Referências bibliográficas

ALVES, José Carlos Moreira. *Simulação e Dissimulação, Negócio Jurídico Indireto, Negócio Jurídico em Fraude à Lei e Abuso de Direito.* Anais do Seminário Internacional sobre Elisão Fiscal, realizado pela Escola de Administração Fazendária – Esaf, em Brasília, publicado pela Editora da Esaf, 2002.

AMARO, Luciano. *Direito Tributário Brasileiro*, 8ª ed., São Paulo: Saraiva, 2002.

AQUINO, Tomás de. *Suma Teológica – Tratado sobre a lei – dos efeitos da lei (Questão 92).* In: Morris, Clarence (org.), *Os Grandes Filósofos do Direito*, São Paulo: Martins Fontes, 2002.

ÁVILA, Humberto. *Teoria dos Princípios – da definição à aplicação dos princípios jurídicos*, São Paulo: Malheiros, 2003.

——. *Sistema Constitucional Tributário*, São Paulo: Saraiva, 2004.

BALEEIRO, Aliomar. *Limitações Constitucionais ao Poder de Tributar*, 5ª ed., Rio de Janeiro: Forense, 1977.

BECKER, Alfredo Augusto. *Teoria Geral do Direito Tributário*, São Paulo: Lejus, 1998.

BECKER, H. C. Enno; RIEWALD, Alfred; KOCH, Carl. *Reichsabgabenordnung, mit Nebengesetzen – Kommentar*, Köln, Berlin, Bonn, München: Carl Heymanns Verlag KG, 1963.

BERLIRI, Antonio. *Principi di Diritto Tributario*, Milano: Dott. A. Giuffrè Editore, 1952.

BLUMENSTEIN, Ernst. *System des Steuerrechts*, Zürich: Polygraphischer Verlag A.G. Zürich, 1951.

BOBBIO, Norberto. *Thomas Hobbes*, São Paulo: Editora Campus, 1989.

BUJANDA, Fernando Sainz de. *Hacienda y Derecho*, Madrid: Instituto de Estudios Politicos, 1955.

CARVALHO, Paulo de Barros. *Curso de Direito Tributário*, 14ª ed., São Paulo: Saraiva, 2002.

COELHO, Sacha Calmon Navarro. *A Incompatibilidade de Norma Antielisiva com o Sistema Tributário Brasileiro – Análise do Parágrafo Único do artigo 116 do Código Tributário Nacional*, 10º Simpósio Nacional IOB de Direito Tributário, 22 e 23 de novembro, São Paulo: 2001.

DÓRIA, Antônio Roberto Sampaio. *Elisão e Evasão Fiscal*, São Paulo: José Bushatsky Editor, 2ª ed., 1977.

ESTRELLA, André Luiz Carvalho. "A Norma Geral Antielisão e seus Efeitos – Art. 116, par. ún., do CTN". In: *Revista de Direito Constitucional e Internacional*. São Paulo: RT, julho-setembro de 2003.

FALCÃO, Amílcar de Araújo. *Direito Tributário Brasileiro*, Rio de Janeiro: Edições Financeiras S.A., 1960.

GIANNINI, Achille Donato. *I Concetti Fondamentali del Diritto Tributario*, Torino: Unione Tipografico – Editrice Torinense, 1956.

GRAU, Eros Roberto. *A Ordem Econômica na Constituição de 1988: interpretação e crítica*, 2ª ed., São Paulo: RT, 1991.

GRECO, Marco Aurélio. *Desconsiderações de Atos ou Negócios Elisivos*, X Simpósio do Instituto de Estudos Tributários/Novo Código Civil – Revista de Estudos Tributários, Ed. Síntese, N° 29, jan-fev/2003.

HENSEL, Albert. *Diritto Tributario*, Milão: Dott A. Giuffrè – Editore, Multa Paucis AG, 1956.

JARACH, Dino. *O Fato Imponível – Teoria Geral do Direito Tributário Substantivo*, traduzido por Dejalma de Campos, 1ª ed., São Paulo: RT, 1989.

MACHADO, Hugo de Brito. *Planejamento Tributário e Crime Fiscal na Atividade do Contabilista*. Artigo publicado na obra *Planejamento Tributário*, sob a coordenação de Marcelo Magalhães Peixoto, São Paulo: Quartier Latin, 2004.

——. *Os Princípios Jurídicos da Tributação na Constituição de 1988*, 4ª ed., São Paulo: Dialética, 2001.

MACHIAVELLI, Nicoló di Bernardo dei, *O Príncipe*. Traduzido por Antonio Caruccio-Caporale, Porto Alegre: L&PM, 1999.

MARINS, James. *Elisão Tributária e Sua Regulação*. São Paulo: Dialética, 2002.

MARTINS, Ives Gandra da Silva. *Norma Antielisão e Sigilo Bancário*, In: Planejamento Tributário. São Paulo: Quartier Latin, 2004.

MIRANDA, Francisco Cavalcanti Pontes de. *Tratado de Direito Privado*, 3ª ed., Rio de Janeiro: Editor Borsoi, 1970.

NAWIASKY, Hans, *Cuestiones Fundamentales de Derecho Tributario*. Traduzido por Juan Ramallo Massanet. Tradução de *Steuerrechtliche Grundfragen*, München: Dr. Franz A. Pfeiffer Verlag, 1926. Madrid: Instituto de Estudios Fiscales, 1982.

PAULSEN, Leandro. *Direito Tributário: Constituição e Código Tributário à luz da doutrina e da jurisprudência*. 3ª ed., Porto Alegre: Livraria do Advogado: ESMAFE, 2001.

PEREIRA, Caio Mário da Silva. *Instituições de Direito Civil*, Rio de Janeiro: Forense, 1999, V. I.

PEREIRA, César A. Guimarães. *Elisão Tributária e Função Administrativa*, São Paulo: Dialética, 2001.

RORTY, Richard. *Entre Quatro Paredes*, artigo baseado em uma conferência pronunciada no Fórum Einstein, em Berlim. Traduzido por Luiz Roberto Mendes Gonçalves).

ROSA JÚNIOR, Luiz Emygdio Franco da. *Manual de Direito Financeiro e Direito Tributário*, 16ª ed. Rio de Janeiro e São Paulo: Renovar, 2002.

SAUSSURE, Ferdinand de. *Cours de Linguistique Générale*, Payot, Paris: Boulevard Saint-Germain, 1972.

SCHAPP, Jan. *Metodologia do Direito Civil*. Traduzido por Maria da Glória Lacerda Rurack e Klaus-Peter Rurack. Tradução de *Methodenlehre des Zivilrechts*, Porto Alegre: Sergio Antonio Fabris Editor, 2004.

SCOTT, Paulo Henrique Rocha. *Direito Constitucional Econômico – Estado e Normalização da Economia*, Porto Alegre: Sergio Antonio Fabris Editor, 2000.

SOUSA, Rubens Gomes de. *Compêndio de Legislação Tributária*, São Paulo: Editora Resenha Tributária Ltda., 1981.

TIPKE, Klaus. *Steuerrecht*, 15., völlig überarb. Aufl., Köln: O. Schmidt, 1996.

TIXIER, Gilbert et GEST, Guy. *Droit Fiscal*, Paris: Librairie Générale de Droit et de Jurisprudence, 1976.

UCKMAR, Antonio. *Scritti Vari di Diritto Tributário*, Padova: Casa Editrice Dott. Antonio Milani, 1932, V. 4.

VANONI, Ezio. *Natureza e Interpretação das Leis Tributárias*. Traduzido por Rubens Gomes de Sousa. Tradução de Natura ed Interpretazione delle Leggi Tributarie, Pádna: CEDAM - Casa Editrice Dott. A. Miliani, 1932). Rio de Janeiro: Edições Financeiras S.A.

VILLEGAS, Héctor B. *Curso de Finanzas, Derecho Financiero y Tributario*, Buenos Aires: Ediciones Depalma, 1999.

VOGEL, Klaus *et al. Doppelbesteuerungsabkommen*, München: C.H. Beck'sche Verlagsbuchhandlung, 1983.

XAVIER, Alberto. *Direito Tributário Internacional do Brasil*, Rio de Janeiro: Forense, 6ª ed., 2004.

Impressão:
Editora Evangraf
Rua Waldomiro Schapke, 77 - P. Alegre, RS
Fone: (51) 3336.2466 - Fax: (51) 3336.0422
E-mail: evangraf@terra.com.br